鹏华基金®

世界金融博览书库

大获全胜

学习传奇投资人，成为更成功的投资者

斯蒂芬·L. 韦斯（Stephen L.Weiss）◎著

唐欣悦◎译

上海财经大学出版社 WILEY

图书在版编目(CIP)数据

大获全胜：学习传奇投资人，成为更成功的投资者/(美)斯蒂芬·L.韦斯(Stephen L. Weiss)著；唐欣悦译. —上海：上海财经大学出版社，2021.3

(鹏华基金·世界金融博览书库)

书名原文：The Big Win：Learning from the Legends to Become a More Successful Investor

ISBN 978-7-5642-3504-8/F·3504

Ⅰ.①大… Ⅱ.①斯… ②唐… Ⅲ.①投资-研究 Ⅳ.①F830.59

中国版本图书馆 CIP 数据核字(2020)第 059895 号

□责任编辑 陈 佶

□封面设计 张克瑶

大获全胜

——学习传奇投资人，成为更成功的投资者

斯蒂芬·L.韦斯
(Stephen L. Weiss) 著

唐欣悦 译

上海财经大学出版社出版发行

(上海市中山北一路 369 号 邮编 200083)

网 址：http://www.sufep.com

电子邮箱：webmaster@sufep.com

全国新华书店经销

上海华业装璜印刷厂印刷装订

2021 年 3 月第 1 版 2021 年 3 月第 1 次印刷

787mm×1092mm 1/16 10.75 印张(插页：2) 154 千字

印数：0 001—3 000 定价：49.00 元

图字:09-2020-201 号

The Big Win

Learning from the Legends to Become a More Successful Investor

Stephen L. Weiss

立足长期，追求卓越，为持有人创造可信赖回报

伴随21世纪新十年的开启，21年行稳致远的鹏华基金迈向大资管时代的崭新征程。历经跨越式发展的“黄金二十年”，公募基金行业始终保持迅猛的发展势头，行业资产总规模超过14万亿元。鹏华基金资产管理规模稳居行业第一梯队，为超6 000万持有人及3 000多家机构投资者提供综合化、专业化、科学化的资产管理服务。

立足客户价值，坚持长期投资，致力于为持有人创造可信赖的投资回报。“受人之托，忠人之事”是资管行业秉持的理念，鹏华基金坚持以客户价值为核心，从客户利益出发，获取长期信任，稳固资管业务长远发展的根基。秉承长期投资、价值投资和稳健投资的理念，鹏华基金投研团队致力于成为“基本面投研专家”，深入研究并发掘具有长期发展潜力的优秀上市公司，分享企业的成长红利，力争以长期稳健、优异的投资业绩回报持有人的信任。依托成熟稳健的投研体系及优秀勤奋的投研团队，鹏华基金管理的公募基金、社保组合及专户组合的长期业绩突出。截至2019年底，鹏华旗下社保基金组合贡献收益累计超过680亿元，坚持创造长期可持续的投资价值。

追求卓越文化，引领开拓创新，致力于打造行业领先的综合资产管理平台。在国家经济步入高质量发展、居民财富管理需求快速增长的新阶段，鹏华基金致力于打造业界一流的综合资产管理平台，具体包括：绩优多元的产品平台，满足不同类型客户进行资产配置的需求；精细科学的销售服务平台，搭建全方位、多层次的客户支持与营销网络；专业系统的运营服务平台，平稳

运行，提升运营保障效率。面对行业日趋激烈的竞争态势，鹏华基金始终紧密围绕客户需求，一以贯之追求卓越，在各项业务领域积极探索创新变革，力争以差异化优势全力争胜。

严守风控、合规先行，坚持责任投资，致力于为持有人信任贡献长期价值。作为国内第一批成立的公募基金公司，鹏华基金一贯重视风险管理及合规文化的建设，多年来未曾涉及风险事件，树立了行业合规领先标杆。在行业文化建设的新要求下，鹏华基金将立足于责任文化的核心价值，坚持客户第一原则，合规先行，诚信固本，专业制胜，稳健行远。

全力提升金融科技多方位赋能的实力，致力于为客户提供科学高效的资管服务。在积极拥抱金融科技的新趋势下，鹏华基金全力打造了具有自主知识产权的技术平台——A 加平台，构建了自主培养、自主开发、自主运营的金融科技团队。通过技术辅助投资，科技赋能业务，科学管理风险，运用数字化、场景化、社交化的创新技术为客户提供便捷的资管服务。借助 Fintech 提升投研决策水平、优化客户资产配置、强化运营和风控建设，鹏华基金不断提升金融科技赋能实力，全方位体现“科学资管”能力，更好地践行“普惠金融”职责。

在金融深化改革开放、“大资管”迎来统一监管的新形势下，站在财富管理转型的时代路口，公募基金行业仍将在新竞争、新挑战下释放无限发展潜力。我们坚信，资产管理之道，不在朝夕之“赢”，而在长远之“兴”。面对资管行业的历史机遇与挑战，鹏华基金将始终秉承“诚信、尊重、合作、卓越、创新”的经营理念，立足责任文化的核心价值，强化建设“合规、诚信、专业、稳健”的行业文化，坚定打造“鹏华事业航船”的目标信念，以现代企业的姿态，朝业内领先的大型综合资产管理机构大步迈进。

鹏华基金管理有限公司总裁
邓召明

声　明

本书在筹备过程中借鉴了各方数据，认为它们可靠、确凿而且适合本书，但不敢保证绝对是这样。本书中的预测和策略谨代表个人观点，可能有不准确的情况发生。作者本人的观点中立，不受任何因素（如金钱等）的影响。斯蒂芬·L. 韦斯亲自实践了本书中提及的许多策略。为了详细解释这些策略，本书在所举的例子中提及了一些公司的名称，但是这些名称不应被视为在向读者推荐。这些策略对一些投资者来说是不适用的，我们建议您咨询金融专家，并且在实施任何投资策略之前仔细参考相关信息。本书只作参考之用，并不提倡买卖任何金融产品（如证券），或是采用任何特殊的交易策略。本书中所提及的投资策略可能最终会失去价值，即使观点和预测被证实是准确的。任何投资行为都有不同程度的风险，并且它们的价值也是会波动的。投资会增值或贬值，投资者可能会亏损。

序　言

如果你翻开本书的封面,或是点击你的 iPad 或 Kindle 屏幕,看到序言部分,我希望你不要因为再次找到一本枯燥无聊的投资指南而失望。《大获全胜——学习传奇投资人,成为更成功的投资者》的读者体验应该是阅读一系列有趣的小故事,同时从最优秀的一群投资人的经历中受到启发,并将其运用到你的投资策略中,从而获得更大的收益。

我的第一本书——《价值连城的故事——通过传奇投资者的经历来学习投资艺术》(John Wiley & Sons, 2010 年 1 月)展示了 11 位顶级投资人的人生故事、成功路径以及他们犯的最大的错误。几乎所有的投资书都会采用循序渐进的策略,如果遵循这一策略,作者声称读者就能实现“经济独立”或者“你最狂野的梦想”。你可以把《价值连城的故事》看作一种故意的讽刺:它的策略很独特——告诉读者你不该做哪些事。它不是那种“别犯我犯过的错,你就能暴富”类型的书。不管投资者有多厉害,每一章提到的错误是我们都会犯的普遍错误,唯一的区别在于错误所带来的亏损有多大。实际上,大多数专业的投资者会努力缓解错误带来的影响,一遍又一遍地仔细分析自己所犯的错误,努力找出哪里出错了,为了以后不再犯同样的错误。乔治·桑塔亚纳(George Santayana)[1]曾说过:“忘记过去的人注定会重蹈覆辙。”

---

〔1〕 乔治·桑塔亚纳(1863—1952)是一位美国哲学家。历史学家、图书馆研究员以及其他专家曾对原话进行了激烈的争论,但是这句话想表达的意思是非常清楚的。

作为《价值连城的故事》的后续，《大获全胜——学习传奇投资人，成为更成功的投资者》保留了我第一本书的很多特色。事实上，我在选择本书所讲述的投资人时的标准是和第一本书一致的：传奇的人生故事、励志的财务成就，最重要的是，可以为一般投资者成功所用的投资哲学。但是我也想提高那些经我检验过的投资项目的多样性，确保每一条投资策略的原则都是可以应用于所有资产类别，包括股票、债券、房地产和商品。为了使本书更有趣味性，我还加入了一位优秀的卖空型投资者，这样读者就有机会在任何一种市场——不管是牛市、熊市还是边缘市场——都能有所收获。在每一章都会有一个经验总结部分，读者可以轻易了解到如何应用每一章的知识。如上所述，任何一个投资项目的核心原则都应该被应用于任何一个资产类别；你的资本有很多可以产生收益的方式，股票不一定是最好的那一个。事实上，专业投资者对于股票产生收益的能力始终持怀疑态度。

本书中提及的所有投资人都在金融领域开辟了新的天地：蕾妮·豪格鲁德（Renée Haugerud）是一位女性，是一名成功的对冲基金经理，对冲基金经理可以说是一个非常稀有的职业了；R. 多纳休·皮伯斯（R. Donahue Peebles）是美国最富裕的美籍非裔房地产开发商；马丁·惠特曼（Martin Whitman）走在不良债券投资的最前沿；查克·罗伊斯（Chuck Royce）是小资本公司价值投资的先驱；吉姆·罗杰斯（Jim Rogers）是乔治·索罗斯（George Soros）的前合伙人，他是专注于商品对冲基金的早期创新者；吉姆·查诺斯（Jim Chanos）始终是最优秀的卖空型投资者；李·安斯利（Lee Ainslie）曾供职于朱利安·罗伯逊（Julian Robertson）的老虎基金，目前运营着世界上最大的股票对冲基金；身家数十亿的富豪阿尔弗雷德·陶布曼（Alfred Taubman）是房地产以及现代购物中心的投资人。

《大获全胜》探讨了《价值连城的故事》中交易的另一面。本书阐述了8位投资人是如何进行正确投资的，以及如何使个人策略转变为财富的。每一章分析一位投资人的最大收获，不完全是金钱的回报，更多的是从他们的投资切入，研究他们的特色。每一章都有经验总结，概括每一位传奇投资人策略中最重要的部分。

我希望这本书是既让人长知识又饶富趣味的——读者能潜移默化地学习，也就是说，你们能欣赏这些出身平凡但收获巨大财富和成功的人的故事。最重要的是，你们应该去思考如何脱离这本书，把你个人的才能运用到任何资产类别的收益上。

致　谢

似乎不论我开始做什么事，我的妻子劳伦（Lauren）总是我取得成功的关键因素，总能为我提供好的建议，她还是一位很棒的编辑、优秀的插画家，总之是一位全能的人。如果没有她的陪伴和爱，我不可能写完这本书。在这本书快要写完的时候，劳伦认为我们美丽聪慧的女儿们遗传我更多，但我认为这取决于她们完成课业的认真程度。但我迟交稿这件事，可没有被我女儿们遗传去。我刚刚提到的女儿们——琳赛（Lindsay）和谢尔比（Shelby），非常理解我写这本书需要投入很多时间，她们对于这个任务的热情也使我始终保持热情。她们向我保证会去读这本书，但我也不抱太大的希望。苏珊娜·马格利斯（Susanna Margolis）是我的一位无可挑剔的编辑和挚友。我的岳父和岳母——哈里特·卡拉塞克（Harriet Karassik）、埃尔文·卡拉塞克（Irwin Karassik），以及大姨子贝丝（Beth），造就了我完美的妻子，同时，他们对本书的每一章提出建议，这非常有帮助。约翰·威立国际出版公司（John Wiley & Sons）的黛比·英格兰德（Debby Englander）一如既往地有耐心，支持我和鼓励我。我很感激她对我的信任，相信我可以写出第二本畅销的投资书。我希望不辜负她的信任。谢谢你，黛比。约翰·威立公司的全体员工都让我的工作轻松不少，金伯利·伯纳德（Kimberly Bernard）、唐娜·玛通（Donna Martone）和图拉·巴坦切夫（Tula Batanchiev）都非常照顾我。我还要感谢我的经纪人安德鲁·斯图亚特（Andrew Stuart），他继续担任我纪实文学作品的代理人，并且负责本书的印刷。我还要特别感谢：李·安斯利、吉姆·查诺斯、阿尔弗雷德·陶布曼、查克·罗伊斯、马丁·惠特曼、多纳休·皮伯斯、蕾妮·豪格鲁德以及吉姆·罗杰斯，这些成功人士允许我介入他们的生活，奉献了自己宝贵的时间，非常友好且乐于分享。

斯蒂芬·L. 韦斯

目　录

立足长期，追求卓越，为持有人创造可信赖回报/1

声明/1

序言/1

致谢/1

第一章　我所遇到过的传奇投资人：一探究竟，是什么造就了传奇投资人/1

第二章　金钱溯源：鲸鱼观赏的丑恶现实/12

第三章　表现的玻璃天花板：蕾妮·豪格鲁德/25

第四章　繁荣的幻灭：吉姆·S. 查诺斯/44

第五章　挖得深，回报多：李·安斯利/62

第六章　小盘股，大盈利：查克·罗伊斯/81

第七章　盈利的预言家：A. 阿尔弗雷德·陶布曼/99

第八章　21世纪属于中国和商品：小詹姆斯·比兰德·罗杰斯/115

第九章　机会就在你找到它的地方：R. 多纳休·皮伯斯/127

第十章　从垃圾当中找价值：马丁·J. 惠特曼/142

结论：所以你清楚了/156

第一章 我所遇到过的传奇投资人：一探究竟，是什么造就了传奇投资人

写书是个差事，有时是个辛苦的差事。那我为什么要写这本书呢？因为所有人都说这个差事令人愉悦，并且我也喜欢写作。在某些方面，写小说更容易，因为你只需要编故事，这对喜欢喝醉的人以及服用致幻药物的人来说是有好处的。幸运的是，或者说不幸的是，我不喜欢喝醉，也不服用致幻药物，所以我能保持清醒且想象力丰富，但偶尔也低产。写小说的难处在于：有时候你无法凭空创造某一事物，并且要努力使它看上去前后一致并且有趣。但是我写小说是因为我喜欢让我的思绪畅游，并把我的想法付诸纸上，没有人可以说我创作的东西是不正确的。我喜欢这种脱离现实的感觉。

另外，非小说文学的创作在素材开发层面更为容易。当然，你还是要让你的书有趣，这一点毋庸置疑，不然读者可能会去读电话簿，这也称得上是免费文学作品呀！但是写非小说文学，至少有章可循，如果你有渠道，就可以获得基本内容。事实上，我喜欢写非小说文学是因为我享受收集材料的过程。它让我有机会去接触那些最优秀的投资人，他们总是将风险控制在1美元，还有那些曾经做过CEO的商界人士。在一种非正式的场合了解他们，交换想法，最重要的是，倾听他们的故事，支持他们与我所见略同的人生、投资以及商业哲学，是我最感兴趣的部分。当我坐下来，把这些材料汇集起来时，我喜欢反思这些对话，试图探究这些人士的

经历、他们的现状以及他们的成功之间是否有什么关联，他们的人生故事如何为他们的投资创造机会。我喜欢把他们的每一条策略拆分，再把它们汇集起来，写成一个故事，用实际的应用去结尾。我很少不清楚在我的商业书籍中应该写些什么。如果我在某一章文思不畅，我就会跳到另一个人物。写小说，这种情况不可能出现，因为故事线已经铺就，只需填充内容和发展情节。

有了上述背景，本书接下来要讲的是我在选择过程方面的故事，我如何联系书中的每一位人物，以及我对每一位专业人士的印象。本章起到的是娱乐作用，洞察这些专业人士，汇集他们取得成功的共同之处，为你展示如何将这些特质应用到你的投资模式中去。

我要找的人：真正的成功和真正有趣

表面上看，很多电视上的投资组合经理很像你信任的医生；一些医生以最优异的成绩毕业，还有一些勉强从瓜达拉哈拉的医学院[1]毕业，但是这些医生的成绩都不会出现在裱起来挂在墙上的毕业证书上。对投资组合经理来说，也是如此——当他们在电视上给出投资建议的时候，他们的业绩记录却无处可寻。因此，当我选择要去采访那些成功投资人时，我并不一味寻找那些声名赫赫的人，而是寻找那些取得了某个特殊成就的人，也许是做了与众不同的事情的人，那些开拓者，具有原创性思维的人，以及有着杰出业绩的人。我想要那些拥有可定义的策略的人。最重要的是，出现在本书中的投资人需要具有一个我可以拆分的投资策略，并且我可以将该策略与投资者建立起联系，使他们能将其应用于市场活动中。我的出发点是，这些投资人必须是我所熟悉的，可以是我认识的或者是在专业领域内我有所耳闻的。

在我写《价值连城的故事》这本书时，我发觉比起找到真正的成功投

〔1〕 瓜达拉哈拉，墨西哥城市，其医学院的全球排名基本都在400名开外。——译者注

资人，我更容易找到那些曾犯过严重错误的投资人；坏消息总是得到更多的曝光。我还确认了曾经知道的一件事——很多高投入共同基金的收益都是平淡无奇的，很少真正比市场表现好。要想了解对冲基金的表现是很难的，但我有很好的渠道，能够获得有关收益信息的多方报告。找到这些成功投资人的难处在于，他们当中的大多数人不想公开发表评论；在2008年之后的环境中，成功的资本家备受蔑视，他们觉得不值得。他们当中的大多数人不需要用知名度来扩大资产或者是他们已经积累了很多的财富。对于我来说，我经常在美国全国广播公司财经频道（CNBC）和彭博社（Bloomberg）露面，因为我第一本书的出版，以及在华尔街25年的工作经历，我有些像一个"知名商品"。有可能我认识的某个人可以为我担保——这就有点像六度分隔理论〔1〕——这就使我接触到了这些传奇投资人。对他们来说，很重要的一点是，他们能够信任我，我不会损害他们多年来辛辛苦苦建立起来的名声，并会将他们的形象刻画得很好。但是，本书对任何一位投资人来说都不具有商业影响；事实上，他们的大多数基金对新的投资者都是不开放的。

第一位同意与我合作的人是阿尔弗雷德·陶布曼，他是购物中心开发公司——陶布曼中心（Taubman Centers）的创始人。当时，我正和朋友在佛罗里达州打高尔夫享受周末，陶布曼非常友好，他在西棕榈滩（West Palm Beach）的特朗普国际酒店（Trump International）招待我们一行七人打高尔夫。我们开着租来的探险者越野车，开了很长的路，这条路上的外来车辆比巴林王子车库里的车还要多，也比饶舌歌手售出的白金唱片要多。我很幸运地加入了阿尔弗雷德的四人组，我一眼就注意到他拿着一把有着86年历史的球杆。我下意识地朝他举起9号杆，谁让他让我"斥巨资"为我家附近的一家高端购物中心贡献购买力呢，但他太优秀了，成功地躲过了我无处释放的怒气。我的家人为肖特山（Short Hills）的购物中心的每平方米的销售额贡献良多，乐坏了美国运通卡，害惨了我的积

〔1〕 六度分隔理论：最多通过六个人你就能够认识任何一个陌生人。——译者注

蓄。当我们的回合进行着，击球也越来越多时，我发现他数学特别好，打高分球的优势就是我们有更多的时间讨论他的职业生涯以及他关于零售和投资的心得。陶布曼不仅是一位顶级房地产开发商和零售专家，还是现代封闭式购物中心的发明者。他谈到他业务中对精确度的需要，对细节和金融的关注，以及吸引租客和维系租客的价值定位。他和最优秀的商业人士共事，所以他非常注重细节，以及成本和收益。我们讨论了我正在写的这本书，也就是《大获全胜》，他毫不犹豫地答应加入。他立刻提出，除了陶布曼中心，欧文牧场（Irvine Ranch）是他最大的收获。但是最令他骄傲和激动的是他参与的干细胞以及其他医学研究。在头10个洞之后，下起了暴雨，我们的四人组移至室内的俱乐部。其他的玩家不畏风雨，在户外继续。在我们移至室内的途中，阿尔弗雷德停下脚步和大卫·科赫（David Koch）打了招呼，大卫是世界上最富有的人之一。说实话，我挺惊讶的。我们继续聊天，我也继续学习。我们坐下用午餐的时候，发现唐纳德正坐在角落里，但是他当时太忙了，没有注意到我们。我曾在另一个高尔夫球场——纽约韦斯切斯特的西翼（West Wing），遇见过特朗普，我当时挺好奇，是不是他只做打高尔夫这一件事；我很确信，他当时可没这么想我。阿尔弗雷德·陶布曼在他位于美国和欧洲的众多家之间来回旅行，他的商业兴趣，他的慈善事业，以及他想要陪伴家人，使得我们要等上几个月才能再次碰面谈论他的故事和他的最大收获。在这段时间里，我读了他的书《极限抗拒》（*Threshold Resistance*），并研究了他的故事。

我反思了我和阿尔弗雷德的谈话，发现了以下几个特点，使他从一个普通人成为美国最富有的亿万富豪之一。我发现，自从他追求成功的第一天起，他就运用技能组合，包括建筑学，这是指引他走向成功的工具。他曾是一名企业家，也是杰出人士，他发现了美国的需求并去填补这个需求。除了陶布曼中心，他还有很多成功的投资，包括苏富比以及在他的专门一章中的重中之重——欧文牧场，他的故事真的很有趣，同时也提供了很多可以借鉴之处。他非常幽默。当我们讨论到充满挑战的大环境时，他说他更青睐“一只手”的经济学家。我疑惑地看着他，他解释道，这些

“身体残疾”的预测者必须有坚定的主张，因为他们没有替代方案。我懂了。一方面，如果这种情况发生，那么……但是另一方面……[1]事实上，根本就没有另一方面。正如我所说的，阿尔弗雷德是一个追求精准而幽默的人。

吉姆·罗杰斯是一位我仰慕了很久的人。我认为没有人比他更了解宏观大宗商品投资，也没有人在这一领域比他更成功，或者是像他那样曾环游世界去实地落实投资项目。他曾和乔治·索罗斯合伙创立了量子基金并且早早就退休了，我很敬佩他此举。但是他又没有真正退休，之后他又自己经商。我也很敬佩他这一点。和罗杰斯一样，我也很早就退休了，之后自己经商，要是我也和索罗斯合伙过，那就更棒了。三点之中，我俩有两个共同点，我觉得也蛮不错的。我当时不知道该怎么和吉姆取得联系，所以我在网上搜索了他并找到了他的电子邮箱。我给他发了封邮件，介绍了我的背景，然后他从新加坡立刻给我回复了。我们约了个时间通电话；最后定了在“1900 点”见面（我猜在新加坡人们就是这样表达时间的）。我没接受过任何军事训练，所以我用我的手表来算时间，再确认一下。原来是晚上 7 点。我在约定的时间给他打了电话，和他说了一些关于合作的事宜，他同意加入。吉姆写过很多书，我想他一定很同情同为作者的我。他答应几周后去纽约的时候和我约一下见面的时间。他到达纽约的前一周给我发了封邮件，建议我们早晨 7 点在他住的宾馆的健身房见面。这可能是我人生中第二次在健身房与人会面，我的第一次是和李·库珀曼的即兴会面，在那之后，我就发誓再也不要有这样的会面了；要讨论，可以有其他更高效的方式。所以，我和吉姆约定下午 2 点在酒店大堂见面。他很准时，和他的会计一起出现在了酒店大堂。我们丢下了会计，上了一辆林肯城市轿车，这车是福克斯新闻（Fox News）的公车，我们去了在几个街区之外的福克斯工作室。他让我继续，我把录音笔放在扶手上，开始提问，我们的采访就开始了。

---

[1] 英文中，一方面是“on one hand”，另一方面是“on the other hand”，直译为中文就是：一只手……另一只手……——译者注

由于我的采访对象和 CNBC 有合约，我很高兴有人为我承担了不菲的交通费，当我走进福克斯大楼的时候，我感觉自己像一个深入敌后的间谍。我们在电梯里、休息室、化妆间继续我们的谈话。人们会停下来和吉姆打招呼，我感觉这不是他第一次接受媒体采访（我没开玩笑）。之后我们转移到吉姆接受采访的工作室。我给采访录了音。我想我下次再采访吉姆的时候，应该是在路透社。我经常在电视上露面，走到哪儿都能被认出来，我抢了吉姆的风头，这感觉不太好。其实也不能说是出风头，更像是认识你的人偶尔礼貌地朝你点头。几小时之后，我得去 CNBC 的工作室，这真的让我感觉很抱歉。吉姆还想聊更多，我也想倾听更多，因此，我们说好等他去世界其他地方演讲或者是探索了新的投资机会后，回到新加坡和我另约时间结束我们的采访。那是一个很棒的下午，我紧跟他快速的步伐。他看起来一点儿也不像已经 69 岁了，他的一举一动流露出在全球出差的人少有的应对自如。我们还约好了之后通话的时间，但是我搞错了。该死的军事时间！我之后再给他打电话时，我发现，他不太喜欢和蠢人打交道。对我一顿谴责之后，我们继续并结束了采访。

当我问及他的最大收获时，他答道："我的孩子们。"我很敬佩、很理解，也觉得他很可爱，但我又询问了他的第二选择，因为我正在写一本投资书，而不是一本家庭价值观的书。我很确定中国和印度这些新兴经济体将会驱动大宗商品繁荣，只是不确定具体的时间。对罗杰斯来说，投资是一种生活方式，每一天都是探索和观察社会经济行为的机会，可以支撑一个观点或是反对它。从耶鲁到牛津，每一天罗杰斯都未停止过学习。他是一个严肃的人，但是严肃又不失和蔼。除非你搞砸，就像我之前那样。他很优秀但是一点也不傲慢。最有趣的是，和家人一起定居新加坡，他证实了自己的投资观点。

下面来说一说其他的投资人。我第一次和马丁·惠特曼取得联系是通过电子邮件。之后我电话联系了他公司的公共关系部负责人——布丽奇特·威索(Bridget Wysong)。她说马丁受到过很多邀请，但是不喜欢被采访。我提到我投资了他们的一个基金，如果马丁不同我见面，我就拿回我的钱。当然，后一句话我没说，但我当时确实投资了他们的基金。我说服了布丽奇特，她说她会再联系我。之后，来自约翰·威立出版公司的编辑打电话给我，提到马丁的办公室回电了。很快我收到了一封电子邮件，告诉我马丁很乐意加入我这本书。当我去见他的时候，我被护送到他的办公室，见到了一位穿着随意的男士，他穿着网球鞋、运动裤和防风夹克；我感觉我穿得太正式了。我打开录音笔，我们的对话开始了。这几个小时很有趣。我之前做过研究，弥补了一下我之前不了解的信息，但我们的对话就像是一节历史课。当他细数他的经历，然后谈到他如何偶然涉足投资时，我感觉我是他的家庭成员，在倾听家族元老的人生故事。他写过关于投资的著作，是耶鲁大学、雪城大学和哥伦比亚大学商学院的兼职教授，马丁可真是好为人师。

我还想在《大获全胜》中加入一位女性（见第三章的补充故事），我很快找到了蕾妮·豪格鲁德，我的候选人真的是太少了。蕾妮对于加入比较谨慎，我们约好的见面时间因为她变来变去的安排一改再改，最终我们在一个下午的5点见面了。我们觉得可以先约一小时，然后其他时间再约。原计划的一小时变成了两小时，然后三小时，最后四小时。虽然我没被确诊，但我很确定我患有注意力障碍症（ADD），因为两小时之后，我要么点头，要么求饶，但我一次都没有试图去悄悄看一眼手表。我一直在接触世界上最优秀、最聪明的投资人，我几乎回想不起任何一位能像蕾妮这样，管理好每一个全球资产类别——不管是货币、债券、股权还是商品。但最吸引我的是她一直充满激情地做这件事近30年。这一点，以及她的个人偏好，让我们有一点跑题。但比起别人费尽心思想要找到主题，我更喜欢她的跑题。

李·安斯利是长期/短期股票对冲基金的传奇人物。华尔街以外的人不太知道他，因为他非常低调。事实上，除了他的名声以外，华尔街的人也不甚了解他，因为他不想让自己的公司受到卖方的骚扰或是偶尔浪费他公司的时间。他很谦虚，你和他见面的时候他不会谈到自己的巨大成功。李的对冲基金生涯始于老虎基金，我那个时候在所罗门兄弟公司

(Salomon Brothers)做一名销售，刚刚把李纳入客户名单，但当时我们并不认识彼此。当李的马弗里克资本(Marverick)成为大客户的时候，我作为一名销售，会用更多的时间来关注他的公司，但总是觉得他们很冷漠——礼貌，但是冷漠。和他们合作不像和其他公司合作；他们这种与世隔绝的公司文化比我遇到过的任何一家公司都要强势。我记得当我还在雷曼兄弟(Lehman Brothers)的时候，他和我的公司提出佣金率，那个数字低得出奇，比其他任何一家我们有业务往来的公司都要低。我们说："好吧，我们资源有限，所以我们会去找其他可以提供更高收益的公司合作。"他说："好吧，我们会继续想办法的。"最终，我们都妥协了，并且形成了亲密的公司关系，但是直到我采访他之前，我都没有见过他。当我决定写这本书的时候，他是我最早想到的几个人之一，也是我认为最不愿意合作的那几个人之一。我发了几封邮件，但是没有收到任何回复。不幸的是，这样的事经常发生，很久以前，我已将自己磨炼得可以直面拒绝，也许这是我曾经边做保险销售边上法学夜校时唯一得到的长久好处。如果你卖一个没有人想买的产品，还想取得成功，投降不是一个选择，所以我决定再找李试试。几天后，他在去公司团建的路上给我打电话，我说服了他。我提到了我们共同认识的人，我毫不怀疑他验证了其中几个。他是一个不会逃避尽职调查的人。在我们会面的几个小时里，他一次都没有离开会议桌去查看当天的股市情况，那天股市波动得尤为厉害。他的助理走进来向他汇报情况，他都没有接一通电话，除了家里给他打的那一通，我觉得这完全可以理解。我在这里就不泄露李在本书中的章节内容了，但是我对两点印象深刻：他把他公司里的过程和文化看得比什么都重要。

我从未正式地会见过唐·皮伯斯(即多纳休·皮伯斯)，但是在CNBC看过很多关于他的访谈。他对于经济、政治和房地产投资(他的主业)的观点令我印象深刻。我开始思考房地产投资怎么就和其他投资相似了呢？最后总结出：即使有不同的侧重，相似的条件还是具备的。唐最吸引我的一点是他有着传奇的人生故事和成功之路。和女性一样，美籍非裔人士是华尔街和金融界里的少数群体。唐作为美国最富有的美籍非裔人士之一，我认为他是所有少数群体的榜样，但我的这一观点也比较狭隘。他是所有想努力取得成功人士的榜样。我很惊讶他一次也没有提过他在成长过程中因为种族所遭受的困难。我不得不问他这个问题，因为如果不谈这个话题，他的故事就显得不完整。他坚定地说，这从不是问题。我相信他这样的回答缘于他家庭的坚毅，以及他想要走得更远的决心。唐出生于一个优越的家庭，不是那种金钱可以买来的优越，而是他的家庭一直激励着他去进步。资本理念存在于他的基因之中，他的儿子也继承了这一良好的基因。他讲述了一个故事，他的家庭在纽约定居之后，他的儿子更倾向于搬去佛罗里达。唐向儿子解释道，在佛罗里达是有机会致富，但是在纽约你可以挣到几十亿美元。但是他的儿子还是想搬去佛罗里达，唐感觉非常失望。最终，他的儿子改变了主意并开始走自己的路，这使得唐非常开心和骄傲。唐专注于不断积累他的财富和拓宽视野，这令我印象深刻。他是一个从不找借口的人，永远期待下一次更好的机会。他实在是太奋发努力了。

我对吉姆·查诺斯印象尤为深刻，但是我得承认，当他说他读过我的第一本书，而且他会议室的书架上还放着这本书时，我还是很吃惊的。他是一个专注的卖空者，我想一本关于投资人所犯错误的书（他从不会犯这些错误），是他无法抗拒的题材。他是最勤奋的投资者之一，他手撕资产负债表，唱空别人都看好的股票，忽视共识而形成自己的观点。他这样的行为是件好事，因为每个人都讨厌卖空者，除了他们的投资者。他曾多次在国会作证，总是能使政府在公开场合为其过失和傲慢负责。

查克·罗伊斯在其投资风格上是一位先行者：小盘股。有人带我走进他的办公室，他走过来和我握手。你鞋子哪儿去了，查克？他很忙碌，5点之后终于结束了。他的领结还没打好，最上面一颗纽扣是开着的，他瘫坐在沙发上。在他的办公室里研究报告随处可见。这位男士喜欢他所做的事，并将永远做下去。我从闲聊开始我们的对话，然后向他道歉这样占用他的时间。他让我继续，但是看起来有些疲惫。也许这是因为那天股市下跌了两个百分点，大幅下跌，而他正忙着寻找机会进行投资。

完美投资人的共同之处

这些投资人之间有什么共同之处呢？是什么使他们在各自的事业上如此成功呢？别人有没有可能复制这些特质和过程以期成为更优秀的投资者呢？这些问题的答案很明显，简单得都没法列举了，但我从不会错过任何好机会，我会按顺序列出一份总结。

1. 没有情感。我所认识的成功投资人，包括很多本书中并未提及的投资人，都不会对市场表达自己的情感。他们冷酷、镇定、明智，对自己的策略和过程很自信。事实上，他们看到了错位的积极一面——机会。他们不会兴奋异常地去追随股票或市场，也不会因为恐慌或是吃惊而低价抛售。

2. 不自负。在这一行中，很多人非常自负，我见到过的更多的例子是因为自负毁掉基金而不是起到积极作用。本书中的所有投资人都不自负。他们很自信，但是不自负。他们都承认有时候他们也会出错。

3. 长期投资者。谁会通过活跃交易赚钱呢？不是这些人；他们有太多的钱而不能频繁买卖。同时，他们自称不够聪明，不能进行市场交易。很少有交易者足够聪明或者是足够幸运到可以通过买入卖出交易赚钱，尤其是在市场不断变化的情况下。一个投资观点的成熟需要时间，如果你是一个价值投资者或者资历尚浅，尤为如此。

4. 自律。自律的风险管理和自律的投资策略是他们从不会改变的一点。风格的改变是最常见的亏损原因之一。

5. 详尽的研究过程。本书中所有的投资人都有这个特质：不管是房地产投资人、股票投资人还是商品投资人。勤奋、详尽和自律（我又提到这个词了）。他们不会去投资自己不了解的东西，对于不适合自己风格的东西，连看都不会看一眼。

6. 激情和职业道德。除非你有激情，不然投资真的是太难了，因为会有意想不到的反对者和陷阱。这些投资人除了花很长时间投资、每天长时间地工作以及积累起巨额财富,他们工作极其努力。尽管是最大的股东,也不再每天去自己成立的公司,陶布曼的职业道德仍体现在了其他方面——慈善。他努力工作只为找到癌症的疗法,就像他通过投资去建商场、积累财富一样。

7. 动力。他们都希望成为最优秀的人,并且为了这一目标不懈努力。他们有足够的钱,所以财富并不是他们的动力,除非财富可以为他们的家人或是慈善事业做些什么。此外,他们的动力源于高于市场平均收益这一挑战,计算出市场收益并最终获利,能积极参与并且有侧重点。

动力、激情、过程、沉着、自律、仁爱是这本书中出现的投资人的共同点,以及他们成为杰出的传奇投资人所具备的特质。

第二章　金钱溯源:鲸鱼观赏的丑恶现实

鲸鱼观赏(即效仿知名投资人)是华尔街最受人喜爱的娱乐方式。媒体热衷于报道沃伦·巴菲特(Warren Buffett)或卡尔·伊坎(Carl Icahn)或史蒂夫·科恩(Steve Cohen)最近的买卖,为了这样的报道不惜花重金获得消息和数据。毫无疑问,有些人通过模仿"传奇"投资人的行为赚回了订阅报刊的费用。但是我认为,这种盲目跟风的一次性买卖是愚蠢的行为,我得出这一结论有很多理由。不论一个投资者有多么厉害,都不可能是常胜将军,你会发现你效仿一位传奇人物,实际是在悬崖边游走。还有些时候,传奇投资人和你的投资目标不一样。比如,有的传奇投资人寻找长期投资——他(她)乐于并且有实力一投就是几十年,就像巴菲特一样,但是你寻求的是短期收益。[1] 巴菲特可以承受亏损,如果有必要的话,他会对冲风险。但是你没有和他一样的资源。这些都是惨痛的教训。至少,我认为如此。

我的华尔街生涯开始于奥本海默公司(Oppenheimer & Co.)的股票交易柜台,那个时代在现在被称作科技的黑暗时代。当时,电子邮件还是一个新兴事物,而不是主要的交流方式;阿尔·戈尔(Al Gore)对互联网还是半信半疑,高频交易(HFT)被比喻为打电话给场内经纪人,然后朝他

〔1〕 大多数对冲基金经理和共同基金经理的持股时间要比沃伦·巴菲特短得多。

尖叫。作为一名新人，我当时的工作是关灯——交易柜台的术语，即接电话（有上百通电话、很多交易者，交易柜台上的电话是不会响铃的）。我很快就开始感到无聊，所以我开始探索更广阔的世界，并决定未来要成为一名研究型销售，与有经验的对冲基金经理和共同基金经理交流投资想法。讲故事，联系投资案例，和比我经验丰富的投资人就一只特定股票的优点展开讨论，那很有挑战，但是我很享受；对我来说，这比买卖一长串股票有趣多了。

有一天，当我坐在交易柜台前接听客户电话然后再把他们转给交易员时，我还没有一个客户，奥本海默就像一家寄售行，不太可能有人会把客户让给我——我决定，既然我已经掌握了销售交易，我现在要试一试研究销售。我拿起我可怜的装备——一支笔、一本笔记本和一本关于股票代码的书，然后从我的工位往后移了几排，坐到研究销售柜台的一个空位上。我的上司是个球员教练，他自己要接线，还要管理部门，他太忙了，完全没有注意到房间里最没有经验的人换了个位置。不过，他永远都是我最喜欢的同事之一。

几周过后，我终于接到了第一个客户。这是因为坐在我后面的女销售辞职了，她抱怨从她手头的这些客户身上赚不到钱，然后交给我一本黑色活页夹，上面有一串她负责跟进的客户名单，包括投资经理、银行以及保险公司。我注意到的第一件事是每一页纸都完好无损地卡在活页夹的三个金属环里，没有一页纸是被撕下来的。我用了很短的时间就把它们从活页夹上全部取下来。每一页都是一份打印出来的一位客户的联系方式，是那位辞职的销售之前跟进的客户。没有高大上的客户关系维护系统或者是电子数据库；当时还没有台式机，只有一台共享的科特龙（Quotron），这一股价报价系统在当时是获取市场数据的标配，而现在看来已成为老古董了。我走进上司的办公室，把活页夹拿在胸前，提出要开始我的销售生涯。“可以，”一分钟考虑过后，他笑着回答我，“这并非是我想让你做的，但是试试吧。”他想让我做的事会让我被无聊折磨死，一份接一份地写枯涩的研究报告，然后我不停地打瞌睡，而交易员们就开始打赌，赌我的头碰了桌子多少次。这样的话还是算了。

所以我就充满能量地开始了，我给客户打电话，介绍我自己，发掘每位客户独特的投资风格。接触我的新客户更加容易，他们大部分是华尔街的普通投资者，一般没什么销售给他们打电话。那个时候，奥本海默与高盛、美林证券以及摩根士丹利这些巨头相比，还是一家小公司，但是奥本海默的研究产品很出色，还有杰出的分析师团队。更确切地说，当时处在相对的科技黑暗时代，电子邮件和语音信箱还没有成为影响人际关系和高效对话的障碍。事实上，我在融入全球的过程中遇到过的最大障碍是一部分人群——寡妇和孤儿监护人的交易不多，也很少冒险去投资蓝筹公司，比如可口可乐和宝洁。另一个障碍是他们当中很少有人曾经与奥本海默有过业务往来。但我也许太无知了，觉得不会被拒绝，所以我迎难而上，用尽办法，有的时候相悖于我的分析师的推荐，力推那些我认为是稳健投资的公司。

我开始越来越上道，事实证明我在股票挑选方面非常厉害。我即将成为顶级销售。很快，我有了越来越多的客户，他们的业务都很有可能被提升一个档次，但是时机还未成熟。我的大多数客户群体主要关心的是不出错，而这些新客户则不同，他们更关注产生收益；他们愿意投资那些并非完全和市场指数挂钩的公司。他们听取我的建议，我给他们打电话说的全是行话，但要等上几周，有时甚至是几个月才能继续，但他们总是按照我的建议进行。一旦我赢得了他们的信任，我就能做得很好。奥本海默的名声也很有帮助，因为它效仿很多并不主流的公司，这一点也让我和其他公司的销售与众不同。也许最有帮助的一点是，当时是牛市。总之，我为我所有的客户获得了收益——确切来说，是几乎所有客户。在这里，我要开始讲故事了。

让我们把这些客户称为 DG 合作伙伴(DG Partners)。我和他们相处得非常好，除了一件事：我们好像永远都做不成最重要的事——收益。我会推荐很多股票，让我的客户去投资或是做空，但是 DG 很擅长选择行不通的方法。他们买了首只股票后，行情立马就大跌，而且跌个不停。如果我建议他们购买，毫无疑问，股票会像橄榄球前锋屁股下的踏凳一样倒塌；如果我打电话让他们做空某只股票，这只股票就会涨至新高。在我们双方都备受折磨的时候，我建议他们可以按照我给出的建议进行相反操作，碰碰运气。那么，只要荐股人给出的建议没有掺杂任何虚假成分[1]，即使荐股人的建议一直正确或从没对过，也无所谓。毕竟，建议不能脱离实际是荐股人最重要的素质之一。我得承认，我在粉饰事实，因为DG永远没有耐心坚持太久，不会一直等到亏损太多，更别提一直坚持某个想法了。他们频频出入投资市场，净做一些"捡了芝麻，丢了西瓜"的事情。但我真搞不懂他们怎么就能把我那些成功的投资客户当作空气一样视而不见，结果常常选一些垃圾股。因为我们彼此关系友好，所以我们继续讨论，努力找出我们没有取得收益的原因。

"没有人能一直不失误。"我辩解道。

"我们没有要求一直啊，我们只要一次不失误。"这是个不过分的回答。

"咱俩都有错。我其他的客户没有同样的问题。"

"那你为什么给他们好东西，却给我们垃圾？"

"并没有。我给他们打的电话和你们是一样的，但是有个问题。对于我的想法，你们都想要采纳行得通的那个，这似乎是最吸引人的地方。但其他客户是用猎枪去射击它，而你们是用步枪。我只是没那么厉害——没人做得到，至少在你们持有股票的这么短时间内我没那么厉害，我的大部分其他客户会给我的想法一段时间去起作用。

"我很感激你们对我有信心，"我补充道，明显是挖苦的口吻，"但是买卖的时间完全是你们的责任，因为我永远都不会像你们一样快。我会遵守最基本的原则。"

任何人（包括沃伦·巴菲特）都不可能厉害到选股票的记录是近乎完美的。史蒂夫·科恩是我的前上司，同时也是行业内可能表现最出色的

---

[1] 比如，如果本来应该是做多的，却故意让客户做空。——译者注

对冲基金——赛克资本(SAC Capital)的创始人，他曾说过，最好的交易者成功的概率是50%～55%。这话很对。盲目模仿优秀投资人的股票买卖本来就是一个有风险的策略，不管这些投资人有多优秀。原因很简单：如果传奇投资人只有50%的概率判断准确，那么一般的专业投资者的准确率低于50%也就情有可原了。让我们比史蒂夫·科恩更乐观一些，假设这个概率可以达到65%。这就意味着如果你拿起一份《华尔街日报》，读到一位成功投资人购买了XYZ公司的股票，然后你决定要效仿他(她)，你觉得你成功的概率是高于平均水平的。和其他的尝试相比，这不算糟糕。在职业橄榄球赛中，最优秀的击球手平均击球率小于等于30%；NBA最佳投手平均每场命中率为50%；美国职业橄榄球大联盟(NFL)超级巨星平均每场四分卫传球成功率不到60%。如此说来，职业投资人是真正的超级巨星了。大部分人可能会说他们痛恨亏钱，但真相是当他们的命中率达到上述水平时，他们也会激动不已。但是一项投资不会自动带来盈利的组合；组合构建因此至关重要。

比如在一项投资中，效仿专业投资人会带来一定的赔率，而你愿意接受。所以你又一次拿起《华尔街日报》，阅读了这样一个故事：某位管理数十亿美元的知名投资人——他的财富达到1亿美元——刚刚向一家公司提交了一份Schedule 13D[1](受益所有权报告)。你立刻打开你的笔记本电脑，匆忙做了研究，网上购买了几千股。“亿万富翁说好，我也说好。”那么，你的准确率是33%。

或者，你正在翻阅手机上的新闻推送，发现了一位知名对冲基金经理——大卫·艾因霍恩(David Einhorn)，他有着非常好的股票交易记录，曾卖空雷曼兄弟，使之陷入困境，然后新闻上说他买了通用汽车(GM)的股票。你也知道通用汽车几天后即将公布其第三季度的收益报表。考虑

〔1〕 如果个人或集团持有某公司的股份大于等于5%，并带有潜在影响该公司的目的，那么必须向美国证券交易委员会提交Schedule 13D。还有其他的“13报告”：13F是由持股的机构投资管理人提交的季度报告；13G的表格要比13D短，被动投资者会用到。由于流动性问题——买入卖出大额头寸——加上提交报告的费用，很少有机构投资者会购买高达5%的股份，以避免提交“13报告”。

到艾因霍恩购买股票的时间，良好的记录，以及他以深入分析著称，你认为他对这一季度的收益感觉良好。你决定效仿他，也买通用汽车的股票，希望季度报告出来之后能有不错的收益——选股太容易了。

投资的第一原则就是，如果选股看起来很容易，有可能就是很容易。盲目效仿知名优秀投资人去选股或是做出其他投资行为，认为这一定是成功的投资策略，这种想法很麻烦。事实上，你最终就会像我的老客户DG一样，每笔投资都不幸地做了错误选择，而每次原因都一样。在买一家公司的股票之前，职业投资者会考虑很多因素，包括整个投资组合中的头寸总数，每一笔头寸的重要性、风险以及持有时间，即每一笔头寸失去投资价格的时间。但是，这些因素都和 Schedule 13D、新闻故事或是那些研究知名投资人或业内人士投资行为的服务毫无关系。

业内人士的投资：要不要模仿

为了这一补充内容，让我们把业内人士定义为公司的高管或是董事会成员；换句话说，这个人不是影响着公司发展的方向，就是对公司策略的执行提供重要意见。这些人在买卖股票的时候都需要提交相关文件[1]，不论交易额是大是小；不像非业内人士，只有他们的持股达到5%时，才需要提交相关文件。受到这些严格的文件要求的影响，会有大量的服务免费提供或是付费提供，用来研究这些投资行为。尤其是付费服务能支持这样的理论：业内人士的投资行为和股价的走势有着密切的关联。

就众多关于投资策略的理论而言，不应该只相信上述理论的表象。比如，上市公司的高管从股份和期权中获得更高的报酬，这使得这些高管和公司财务表现及股价的关系更密切。

鉴于此，股份授让[2]就意味着更多的买入行为，而且这些业内投资者希望让自己的净值高于雇用自己的公司，这不失为一个稳健的策略。另外，首席执行官很清楚一些投资者会依赖业内人士的行为，因此利用这一点来影响股价。当我还在雷曼兄弟工作的时候，当时的CEO迪克·富尔德(Dick Fuld)不赞成他的高管团队出售股份，因为他认为这会给市场发出错误的信号。最终，没有几位高管出售股份。这是一个他们深深后悔当初服从了的指令，因为雷曼兄弟最终申请破产，还连累了其股东。其他CEO会象征性地购买公司股份，这与他们的净值相关，以期通过购买股份来被新闻报道，从而被潜在投资者注意到，跟风购买公司的股份。当我审查董事会成员、CEO、CFO或者其他高管提交的F4(证券受益者变更)报告时，我会关注与他们的所有持股及总体收入相关的股份有多少买入或卖出了。如果一位收入丰厚的执行官购买了10万美元的股份，我一般会忽视，认为这是一种指示。当然，这种做法看着不错，但是很难赢得信任。

效仿业内人士的股票买卖也不能只看面值；我在采取行动之前，会先思考卖出的理由。因为美国国税局(Internal Revenue Service)不承认授让之前的股份所有权，所以这个时候就会产生纳税义务。许多高管，不管他们的财富有多少，会卖出足够多的股份去支付税款。在我看来，这是一个正当的理由，正如出售的目的是为了分散风险。再次强调，所有事情都是依赖于大环境的：工作年限、总的所有权、报酬，甚至是可计算的净值。

也许判断业内人士的行为是否具有指导意义的最重要的因素之一是股价。如果股票是以空前的低价抛售，而执行官们不买反卖，我就会很担心。事实上，我会认为这是一种做空的信号。

如果出现这样的情况：公司内部人员被禁止根据重大非公开信息做出应对。换句话说，员工们不能根据可能影响股价走向的信息买卖公司股份，直到这个信息公之于众。简单来说，这会违反内部交易规定。但是，业内人士的交易可以被视为一种敏感指示——这些重要员工对其任职的公司的商业前景感觉如何。

业内人士的行为对于你的投资决策的价值正如鲸鱼观赏。在研究的过程中使用该信息作为一个数据点，根据大环境来决定其重要性。

〔1〕美国证券交易委员会对于表格4的说明："该信息主要用于公开注册公司的负责人、高管以及受益人的交易和持股。公开的信息将成为公共记录，应受公众的监督。"

〔2〕一般来说，授予员工的股份或期权是分阶段生效的，通常有几年时间。这叫作授让。得到授让，员工才算拥有股份或期权，而且，从员工被授让所有权的那一天起，就被该公司雇用了。

当然，反驳观点是：跟随一位优秀投资人，尤其是那些经证实持有某家公司5%股份的投资人，不是一件坏事。这一逻辑有些问题，首先，对于普通人来说，一笔大额头寸可能实际上只是一项不重要的持股。比如，富达基金(Fidelity Management)旗下的共同基金数额庞大，它们必须持有超过5%的股票头寸，这样其持有的股票就会对整体投资组合有潜在影响，重点是基金经理出于不同的原因做不同的事情。不需要做太多功课，大卫·艾因霍恩购买通用汽车股份的理由可能有两个：一是为了对冲福特的空头头寸；二是体现消费支出。如果你了解他的为人的话，这两点都不太可能(值得重申的一点——新闻头条和业内人士的购买记录并不能提供定性数据)。当然，之前提到过的组合构建的其他因素同样也在发挥作用。或者说，艾因霍恩做了个很糟糕的股票交易决定也有可能；这种事会发生。最后要考虑的是时机。艾因霍恩是一个价值投资者，价值投资者广受诟病的是他们总是过早入场，经常寻找价格低于价值的股票，而且有时证明他们的投资理由正确要几年的时间。

那么艾因霍恩的实际情况是怎么样的呢？一开始不是很好，但是当我写到这里的时候，他的股票开始有所好转。他创立了对冲基金——绿光资本(Greenlight Capital)，在他写给投资者的一封季度信中，他提到了对通用汽车的投资。这封信于2011年11月7日在互联网上公开，投资者们也在同一天阅读了这封信。

相关的内容如下：

通用汽车是美国最大的汽车制造公司。在大萧条时期，公司一贯的高成本模式使其破产，美国政府则对其进行了救助，该公司大部分国有。去年11月，通用汽车完成首次公开发行，出售其30%的股份，每股33美元。该公司的三分之一仍为国有。首次公开发行之后，股价一度上涨到每股40美元。当股价突破其首次公开发行的价格时，我们认为该股票很有吸引力，但是只建立了一个小头寸，因为我们认为之后政府会抛售其股份，届时会有更好的机会。事与愿违，在第三季度，市场所有的周期性股票表现都不尽如人意，股价甚至跌出了我们可接受的加仓价格。我们认为这个价格已足够低，即使之后政府不抛售股份，也算是对我们很大的补偿了，所以我们以平均每股25.78美元的价格建仓。

通用汽车的股价由市场决定，这是一家交易量不到其年收益6倍的周期性公司。有些人会说，周期性股票交易量仅达到年收益峰值的几倍是正常的，而我们认为2011年的年收益达不到峰值，事实上，低于周期中间值。在金融危机之前，美国的汽车销售多年来一直维持在1 500万～1 900万辆。大萧条之后，恢复到1 300万辆，而通用汽车的收益持续增长，一方面得益于销售量回归到周期中间值，我们估计可以达到1 500万辆；另一方面得益于其北美产品销售情况的复苏。市场似乎关注的是通用汽车的“遗留负债”。但是，复苏后的通用汽车没有养老金或是医疗负债这样的可能使公司超支的因素。相反，通用汽车坐拥330亿美元现金，几乎是其目前市场资本量的总和。我们看到了通用汽车从明年开始回报股东的潜力。当然，我们了解投资的诸多风险，包括近期的全球经济疲软以及政府控股，但是我们认为这些因素被市场过分放大了，并且我们仍然看得到希望，即使美国目前经历的是一种缓慢的“新常态”经济复苏。本季度通用汽车的股价以每股20.18美元告终。

绿光资本，Q4信函
2011年11月7日

艾因霍恩曾提到，他的通用汽车股份平均买入价是25.78美元，季度末股价为20.18美元——他的基金亏损20%。但是，在新闻媒体公开上述信函的内容的当天，股价确实涨至24.01美元，稍微比市场均价高一些。两天之后的周四，2011年11月9日，通用汽车发布了备受期待的收益报表。这家公司使投资者、交易者以及效仿艾因霍恩的人失望了，股票交易量下跌超过8%，导致通用汽车市场资本减少25亿美元。当我写到这里的时候，通用汽车的股价一度涨回25.20美元。我敢保证艾因霍恩不会坐在他的办公室里抱怨自己时运不济，而是会继续坚守他作为长期投资人的成功策略。但是，我会怀疑那些跟随绿光资本的普通投资者是否还会坚持这一策略。

发生了什么？难道艾因霍恩不像他在季度信函中所写的那样自信十足吗？难道这对投资者来说不是一个很好的机会吗——跟随一位非常成功的对冲基金经理，买到打折的股票？话虽没错，但是问题在于：艾因霍恩对于股票有着非常长远的考量，当他不想看到股票表现弱势时，他会耐心等待；他知道他的投资会有所起伏，所以现在要想根据通用汽车最终对他的基金表现造成的影响做出决定，还为时尚早。我认为大卫·艾因霍恩是一位杰出的投资人，我在本书中的评论也适用于许多其他优秀的投资人。最重要的是没有人有着完美的投资记录，即使艾因霍恩对通用汽车的投资最终没有亏损。

我可以毫无保留地说，比起看到新闻头条报道艾因霍恩的基金持有通用汽车[1]的股票，就盲目跟风，我更支持跟随艾因霍恩的投资者听完艾因霍恩的投资理由再跟随他，否则我会在寻找快速交易的时候保持警惕。正如他所说，他的持股期限是很多年，不是几天、几周或是几个月。

还有另外一点需要考虑。信函里提到绿光资本在该季度减持了大量的股票头寸，在减持过程中，除一只表现不佳外，其他所有股票都盈利了。

---

〔1〕 当写到这里的时候，作者持有通用汽车的股票。艾因霍恩的分析讲得通，促使我也进行了自己的分析，包括对于美国经济的建设性的观点，在我看来，对于拥有周期性公司的人士来说，这十分有必要。本书中所有关于股票的讨论都具有一致性，此处不是一个关于购买通用汽车股票的建议。

如果这些股票之后大跌怎么办？如果其中有一只恰好是你听说艾因霍恩购买了之后跟投的怎么办？鉴于这些股票都没有上报，你没办法根据艾因霍恩的决定采取迅速的行动。跟随某人购买股票很容易，但跟随他出售却是难上加难。

有的时候，知名投资人的行为被大肆宣传，抗拒这种诱惑是一种挑战。移动通信咨询有限公司（Research in Motion Limited，纳斯达克股票代码：RIMM）是黑莓智能手机的生产商，市场份额被谷歌安卓系统和苹果手机抢占，仅2011年其股价就下跌了80%。即使公司基本面一再恶化，该公司仍然对某些人来说是具有吸引力的，这无疑是出于对其产品的熟悉。但是，这种购买暴跌股票的行为以亏损收场，该公司的股票2011年在2月达到每股70.54美元的最高价格，却在12月跌至16.00美元。[1] 11月的股市令人震惊，一位《价值连城的故事》中提及的传奇对冲基金经理在减持手头股票的过程中，被发现购买了该公司的股票。在该新闻被爆出的当天，该公司的股价又大涨了10%。

我当天正接受CNBC的电视采访，我提醒道，与该投资人的投资组合的规模相比，该股票仓位相对来说较小，我对这位投资人非常了解，如果他对于RIMM的股票非常有信心的话，他的持有量应该会是被报道的持有量的5倍，但是这番提醒似乎对于那些一窝蜂去抢购RIMM股票的投资者来说并不重要。当晚，我写了一封电子邮件给我的朋友，问他为何购买RIMM的股票，他回答说这是一个非常小的仓位，无关紧要。实际上，RIMM的股票并不是他自己放进去的，而是他的分析师加进去的，就在他与RIMM的联合首席执行官沟通的时候，分析师并没有按照“重大投资需接受全面投资政策审查”的要求，对将RIMM的股票放进资产组合中的建议进行完整审查。说到底，RIMM的股票只是零碎股票，把它放进投资组合里彰显出这家对冲基金公司对员工的一种信任。他还说道，他做投资

---

[1] 当我写到这里的时候，股票一度反弹至17.31美元，部分原因是该公司市场份额有所回升，以及该公司可能会被收购的传闻继续发酵。如果持有一家公司股票的原因仅仅是其并购的传闻，很少能获得好的结果。

已经40年了，没有其他任何头寸能引起如此大的关注。这并不是说这位经理买股票是希望亏钱——他比我认识的其他任何人都要在意自己的资本——但是2 500万美元左右的仓位正是他投机中可接受的风险。问题在于，对于职业投资者来说无关紧要的仓位，对那些跟投者来说是很重要的。他们应该跟随的是投资原因和过程，但是困难在于，他们不知道职业投资者是怎么想的。不过，如果他们事先做过尽职调查，就可以进行计算[1]，至少在短期内，可能会避免一定的亏损。新闻报道了这位对冲基金经理的参与过程，股价反弹之后，又跌至新低，因为这家公司的负面新闻又一次使投资者失望了，虽然故事还没有结束。

中国有句古话：授人以鱼，不如授人以渔。这也是《大获全胜》这本书的观点。本书讲述了传奇投资人的故事，他们都非常成功、非常富有、非常自律，体现在他们如何看待机遇和采取行动。每一章都会用一个收益丰厚的投资案例作总结——当我写到吉姆·查诺斯和吉姆·罗杰斯的故事时，他们的投资理由仍然和市场一致。你可以与他们结识，在这些总结中，你会得到很多信息，带你走上投资之路。效仿一位明智的投资者的决定固然会取得结果，但并不总是预料之中的，尽管确实有机会取得积极的结果。但迪格奥尔格综合征（DG Syndrome）[2]总是潜伏在后面。

但是了解一位传奇投资人的思考方式，他/她的投资风格是基于什么原则——投资人在商品、股票、债券或房地产投资中寻找的是什么——你就可以发展自己的盈利策略，可以适用于任何类型的投资。重要的是，了解这些投资人对待风险的态度——当他们承认自己犯错的时候，或者是当他们开始一项投资的时候，如何弥补自身缺点；在任何投资策略中，保守性投资是目前为止最重要的因素。消化这些知识远比"鲸鱼观赏"，然后盲目跟随传奇投资人更有价值。

---

[1] 计算方式：假如在互联网上快速搜索一番就会发现，新闻报道中的这位投资人的投资组合总价值50亿美元，这意味着其购买的RIMM的股票头寸大约占其总资产的0.5%。一份他递交给SEC的关于RIMM头寸的审查资料还显示了其他更大的投资组合头寸，有些超过4%，说明持股人对于RIMM的股票不是非常自信。

[2] 迪格奥尔格综合征即先天性无胸腺或发育不全，属于原发性细胞免疫缺陷病。患儿常伴有其他先天性畸形。——译者注

本书的每一则关于巨大收获的故事都是经验，可以通过成功投资人的买卖获得非常有价值的信息；这些故事解释了实践出真知的过程，适用于独立评估投资机会。

了解这个过程，也就是达到目的的方法。这就是关键，也是你如何在很长一段时间内建立一个重复的过程，然后产生收益的方式。

第三章　表现的玻璃天花板：蕾妮·豪格鲁德

蕾妮·豪格鲁德是一位不同类型的投资人。得出这个结论[1]不仅仅是因为她的对冲基金管理公司——高缇尔有限责任公司(Galtere Ltd.)14年来的杰出表现(只有一年低迷)；也不是因为在一个男性主导的行业，她是一名女性。事实上，在男性主导的对冲基金管理行业，豪格鲁德的高缇尔公司是最大的由女性拥有并经营的基金公司之一。豪格鲁德公开承认自己是“女权主义者”(虽然她不喜欢这个词)，女性对于交易有天然的热爱，她是最好的典范。实际上，为了鼓励更多的女性从商，豪格鲁德和她的丈夫在查塔努加市的田纳西大学成立了一个中心，从女性角度教授金融学，致力于证明女性的商业能力，正如85 Broads[2]的CEO珍妮特·汉森(Janet Hanson)所说：“女性是最伟大的交易者。”

真正使蕾妮·豪格鲁德成为一名与众不同的投资人的是她的观点，她的观点帮助她发掘出交易的科学和艺术。观点的塑造源自她的背景——“她的交易囊括每一种大宗商品”以及她作为一名粮商的长期、丰富的经验。“我就像一个筒仓一样看待每个事物，”豪格鲁德说，“是否存

---

〔1〕 高缇尔有限责任公司的基金表现只有一年收益不佳——2008年下跌了1.8%。这是非常了不起的表现，可参考基准：基于标准普尔500指数(S&P 500)，对冲基金平均亏损16%，共同基金平均下跌37%。

〔2〕 85 Broads已更名为Elevate Network，是一个全球职业女性网络，致力于通过教育、灵感和机会相互提升。它的使命是通过为妇女提供依靠和学习社区来消除基于性别的成就差异。——译者注

在盈余或短缺，全球宏观供需情况如何，我认为最终会发生什么？然后我会看是否存在交易的机会。”

买入、卖出和玉米

这一观点可以追溯到豪格鲁德的童年时期，在明尼苏达州的小镇普勒斯顿——人口仅为 1 200。她的父亲是菲尔墨县的治安官，家在县监狱里。罪犯有酒鬼，还有被定罪的杀人犯，他们就住在豪格鲁德一家的楼下；这样的成长环境教会了年幼的豪格鲁德风险意识，灌输给她一种观念：“事情并不总是看上去那样。”

尼尔·豪格鲁德（Neil Haugerud）是蕾妮的父亲，他是一个聪明、积极的人。他的事业和兴趣博采众长，他是出版过书籍的作者[1]、州立法者以及业余飞行员。后两个身份对于蕾妮的职业生涯影响最大。当父亲驾驶飞机带她飞过麦田时，蕾妮豁然开朗，一个 5 岁孩子的顿悟。蕾妮的父亲检查了位于小镇之外的自己的麦田，带着她飞越了州境线，飞往艾奥瓦州的麦田。“为什么我们要看这些麦田？”年轻的蕾妮不解，“这些麦田不属于我们。”

“是的，”她的父亲解释道，“但是有一个地方叫作期货交易所，能使不可能变成可能。”他进一步解释道：“会在未来的某一天签订协议做买卖，所以重要的是尽可能地搜集所有庄稼的信息。”

“你是说，”蕾妮问道，“这些麦田不属于你，你还能将它们出售？”

“对！”她的父亲回答。这一想法对蕾妮·豪格鲁德影响深远。它启发了蕾妮的思维，点燃了燎原之火。一个孩子拿起一把锤子，有人会说：“他长大后会成为一名木匠。”一个上幼儿园的孩子从田里拔起一根玉米秆，有人会说：“我赌她会成为一个农民。”但是，从未有人说出“这个孩子可能会成为一名大宗商品交易者”这样的话。如此年幼的头脑就能掌握

---

〔1〕 尼尔·豪格鲁德：《监狱故事，一位小镇治安官的记忆》（明尼阿波利斯：明尼苏达大学出版社，1999 年）。

如此复杂的概念，说明了蕾妮父亲讲故事的能力、蕾妮的聪慧以及她与生俱来的了解与大宗商品有关事物的能力。无论如何，希望的种子已经种下，日后将收获成功的职业生涯。

同时，蕾妮的童年具有中西部特征——当你的住处和县监狱在一栋楼里，这也不足为奇了。到了上大学的年纪，出于对旷野的热爱，她去了位于米苏拉市的蒙大拿大学主修林业。她没有选择商学院，因为她认为MBA 会破坏她的天性，这种创造性的想法类似于一个猎奇的厨师放弃烹饪学校。另外，她已经有了研究生课程要求的实践经历：她的父亲已经教给了她买卖的基本知识，她从孩提时期就开始关注交易所。

蕾妮从不懈怠，在 12 月毕业之后、成为明尼苏达州立法机关下属的自然资源委员会委员之前的这段空档期，她开始找工作。本着天生的对所有商业事务的好奇心，豪格鲁德想利用这段时间去探索商业世界的方方面面。对于一名刚走出校园的女大学生来说，行政工作是唯一的选择，但是她不会甘于从办公室工作（处理文件、接电话，还有给男同事倒咖啡）中体会美国的公司文化。与其干等到 6 月，豪格鲁德想不如寻找临时工作，以这样一种方式探索公司的运作。其中一份工作来自嘉吉公司（Cargill），这家明尼苏达州的公司是一家集食品、农业、金融和工业产品及服务于一体的生产商和营销商，长久以来一直是国家和地区经济的支柱。嘉吉是世界上最大的私有企业之一。除了大宗商品及相关交易业务，该公司还生产很多消费品，包括食品、保健品和药品；在能源产品和生物燃料生产方面也有庞大的业务。蕾妮在这家公司工作的第一天就很喜欢它，足以证明公司文化良好。总裁经过蕾妮这位临时员工的办公桌时会和她打招呼，谁会不喜欢这样的公司呢？

处理了几天的文件后，豪格鲁德问坐在她旁边的同事："这家公司到底是做什么的？"

"做买卖的。"

"那怎样才能做这样的工作呢？"豪格鲁德追问道。

"你得成为商人。"

如果蕾妮的父亲对于期货交易的描述使她豁然开朗，那上述在文件柜旁的简短对话使她大彻大悟。她立刻明白了，成为粮食商人是她此生想做的事。这就要求她对于每一类市场、农业、货币、经济、天气以及人文知识都有所了解，同时还需要经常出差。没有比这更棒的了。在美国，要想进入粮食商人职位的校招面试环节，应聘者必须具有官方认可的资历，但是蕾妮没有，所以她纠缠了嘉吉公司的人力资源部整整 6 个月，才得到了面试机会，她努力说服面试官雇用她。“我如此渴望成为一名粮食交易员，我甚至可以亲自品尝粮食。”蕾妮说道。她的面试大获成功。嘉吉的管理层放弃了官方认可的资历这一硬性条件，豪格鲁德开始了在嘉吉长达 13 年的工作，一开始的工作是在堪萨斯城做一名粮食业务员。

长期以来，嘉吉都是一家大公司。作为一家私有企业，2010 年（本书出版前能获取数据的最后一年）营业额超 1 000 亿美元。这么高的营业额归功于产品的多样性，从天然气、科瑞（Crisco）烹调油到普瑞纳（Purina）宠物食品，还有最重要的大宗商品交易。作为其核心业务最重要的组成部分，嘉吉在大宗商品和证券市场的交易十分活跃。虽然这种行为部分原因是对冲其成本，但嘉吉也在追求收益。事实上，有些人把嘉吉视为一家庞大的对冲基金公司，并且这种观点是有依据的。比起一家可以成为所有软性大宗商品市场的公司，哪里还有更好的地方能学到如何交易呢？

对交易的感觉

很容易看出为什么粮食交易岗位的硬性资历要求，以及传统上对于男士的偏爱，最终敌不过豪格鲁德的执着和热情。金发碧眼，有着来自中西部的健康形象，豪格鲁德看上去就充满活力。她的办公室设计精美，坐落于纽约第五大道多层式的斯克里布纳大楼（Scribner Building）里，这里是传奇编辑麦克斯威尔·珀金斯（Maxwell Perkins）曾与 F. 斯科特·菲茨杰拉德（F. Scott Fitzgerald）、欧内斯特·海明威（Ernest Hemingway）以及托马斯·沃尔夫（Thomas Wolfe）共事的地方。在她的办公室里，豪格鲁德用中部地区的口音以纽约人的语速讲述了她的故事。正是她这种出生于农业区的背景，再加上她作为交易者学到的专业知识，为她的成功打下了基础。

她说："如果你不要求，有些事就永远不会发生。"这可能是她职业生涯的信条，不论是工作，还是集资，抑或是她所获得的实至名归的认可，都证实了这句话。在她成为一名交易员之前，她在嘉吉有两年的工作都是负责一个有关玉米的小项目，这为她以后的事业奠定了基础。有一天，她接到一通电话，有人想要交易一种叫作"sunnies"的葵花子。地区办公室的员工当时没有在交易或是压根不交易 sunnies 葵花子。它的市场没有大到让人有兴趣进行交易。但是，这个来电者有 3 船的 sunnies 葵花子停在河边，豪格鲁德知道，如果价格合适，可以大赚一笔。在那通电话之前，豪格鲁德没有交易 sunnies 葵花子的经验，但是在她的职业生涯中，她总是能抓住其他人没有看到的机会，她向嘉吉提出要进行 sunnies 葵花子买卖，公司授权她负责 sunnies 葵花子业务。

她的第一笔订单，就是以合适的价格买下那 3 船的 sunnies 葵花子，这一经历令她大开眼界，符合她"凡事得有要求"的信条，也给她上了一堂谈判的速成课。豪格鲁德希望能将 sunnies 葵花子销往国内和墨西哥，因此在谈判过程中她力求把铁路运输费用压到正常价格以下，以确保交易有钱可赚。有人告诉她："这不可能。"她不愿意一语成谶，哄劝运输部的同事与铁路局谈判，以她的价格签订短期运费合同。接着她又得去说服仓库的同事为她新采购的 sunnies 葵花子腾出储存空间。他们最终都同意了，她的交易最终盈利大大超过一般水平。豪格鲁德上道了："我从不回头看——我曾热爱过去的每一分钟。"

嘉吉的工作经历充实了她的交易课程，这可能是任何其他经历都无法做到的。在嘉吉公司位于瑞士日内瓦的外汇部，豪格鲁德掌握了货币交易。在她的家乡明尼阿波利斯市工作一段时间后，她又学到了固定收益的专业知识。然后她被委派到离家很远的澳大利亚墨尔本，管理金融市场办公室。在那里，她监管货币、固定收益以及股票的投资组合，同时负责审计以及嘉吉在澳大利亚业务运营的方方面面。

她并不是刚刚学会如何执行交易；她太优秀了，足以看到交易的本质。她知道自己的市场和资产种类分析与大部分投资者不同，她对于交易机会有直觉；她能感知到特定的时机，告诉她有交易可做。走南闯北这么多年，豪格鲁德对于交易以及自己对于交易的看法深思熟虑，当她回到嘉吉总部的时候，她向管理层游说她的一个商业计划，以及基于她的想法所设计的一个技术价格分析模型，她想要成立一个属于自己的风险型交易部门。管理层同意了这个计划，于是豪格鲁德成立了结构性交易部，将其按内部宏观型对冲基金来运营。

即使有自己的内部基金，豪格鲁德用自己的方式利用自己的策略的热情不减，尤其是自从她意识到，虽然她对嘉吉充满热爱和感激，但她"生错了性别，选错了政治派别，并且非常固执己见"。对冲基金经理一般都极其独立，这是一个必要的特质；一致的想法很难最大化投资的回报。这种独立性形成了一种最终必须拥有整个过程的性格。因此在 1997 年，豪格鲁德去了纽约，成立了高缇尔公司，决定让自己的设想成为现实，运用多年来开发的交易策略和分析工具。

这条路并不好走。豪格鲁德把她所有的资源都用在了高缇尔的创立上，从未对她的信念和策略产生过动摇。初期融资很困难，然而为整个公司集资极其具有挑战性。成功的交易者清楚他们常常太早进入投资游戏，这会导致他们对于价值的认可和其他人意识到价值所在存在一个时间差。白天，她的阁楼是办公室，晚上就成了卧室，因为她想节省开支，而自己付出多一点。最终，她毕生的积蓄几乎花光，不是由于投资不当，而是因为公司的开销。她决定去拜访嘉吉的前同事，不是为了重温她过去的交易成就，而是想要邀请他们加入她的公司。得益于和公司的良好关系以及她从前优秀的盈利记录，她的前上司决定在高缇尔投资相当大的一笔钱。嘉吉在高缇尔的投资意义是潜在投资者应该能看到的。这为豪格鲁德的公司带来了能让她去认真对待的规模，也是一家知名公司对一位为其工作超过十载的员工的信任。

大宗商品：有号召力的资产类别

以大宗商品为主导的全球宏观投资者理解这个术语的含义：一种适用于商品组合的投资策略。豪格鲁德一如既往地持不同观点。从她的世界观来看，所有事物都可以被商品化——“不仅仅是房地产，还有货币，甚至是文化”。因此，作为一个主导性指标，商品“会改变其他资产类别”。对于全球宏观而言，豪格鲁德不同意它是一种策略的观点。“它是一种研究基础，任何投资者都必须了解。”她说道。[1] 关于高缇尔的策略，详见图 3.1。

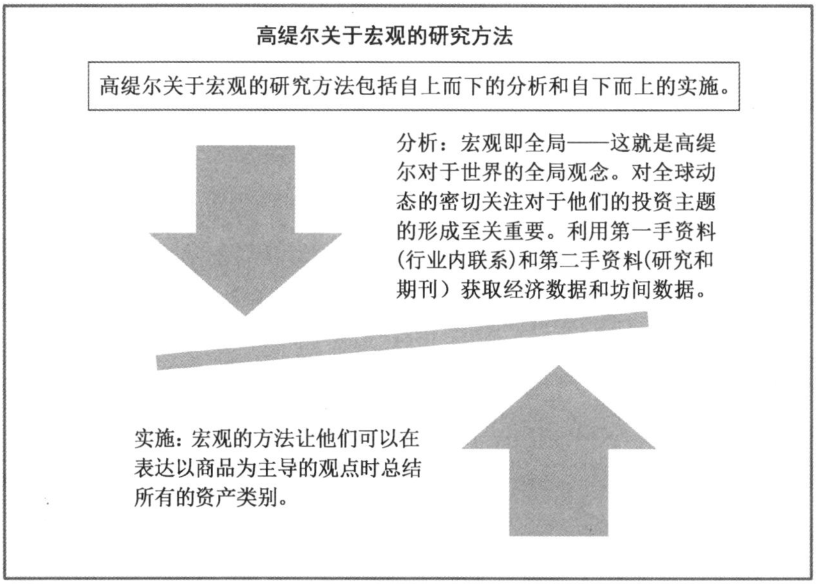

图 3.1 高缇尔关于宏观的研究方法

资料来源：高缇尔有限责任公司 2011 年 11 月提供的信息。

---

[1] 需要注意的是，本书每章重复出现的主题是：每一位投资人都遵从严谨的研究过程。

没有人会对豪格鲁德的术语吹毛求疵。不论你怎样定义基于大宗商品的全球宏观交易，她都已经从中盈利颇多，她的方法虽然不太常规，但和她本人一样有条理、有创造力。

首先是全局，然后是主题，接着才是交易。图 3.2 和图 3.3 展示了这一过程。

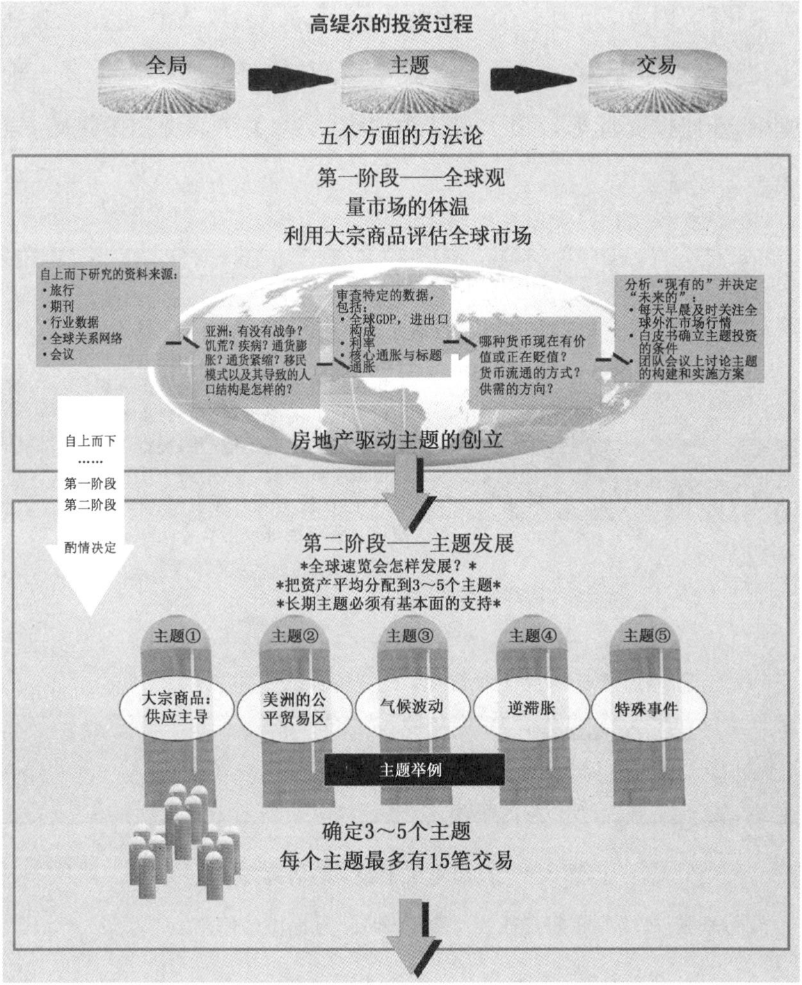

图 3.2　高缇尔投资过程的第一阶段和第二阶段

资料来源：高缇尔有限责任公司 2011 年 11 月提供的信息。

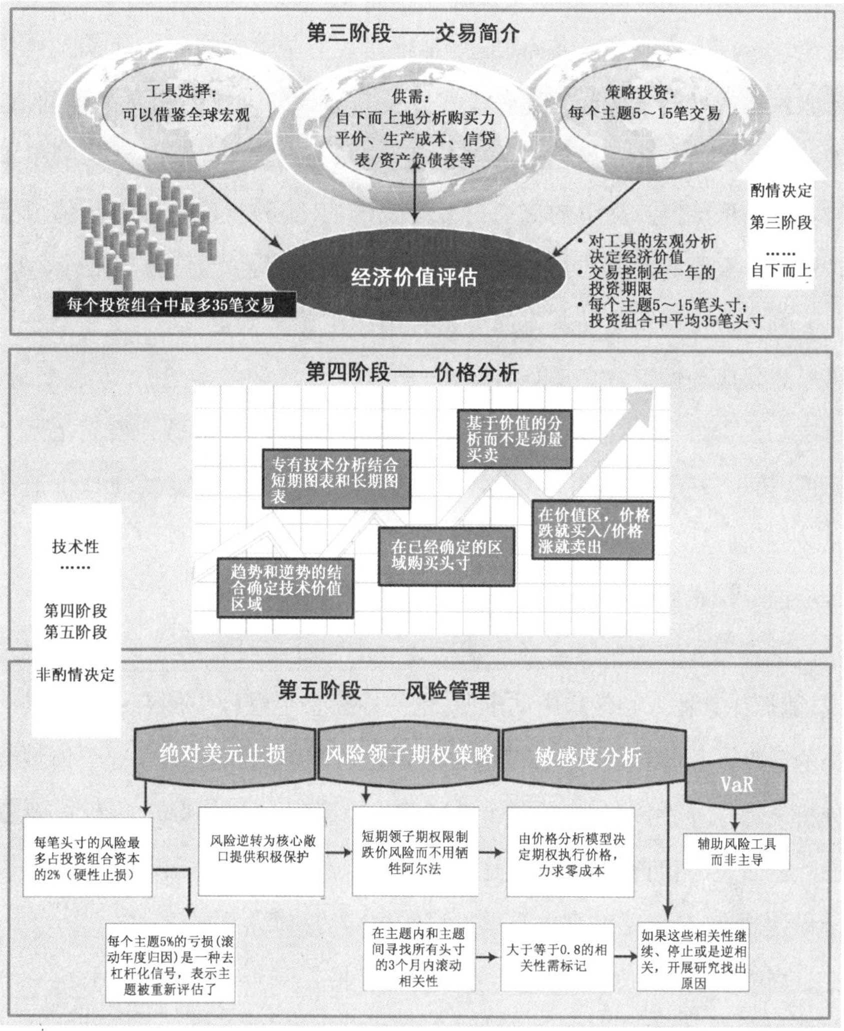

图 3.3　高缇尔投资过程，第三阶段到第五阶段

资料来源：高缇尔有限责任公司 2011 年 11 月提供的信息。

总的来说，这就是豪格鲁德的方法。很简单，但是很关键。她认为，大多数投资是基于过去的，会关注资产类别或资产的地理分布，并且回顾过去发生的事情。结果却使交易变得更复杂。豪格鲁德很确定简单即明智，她的成功证明了她的观点。

“我是自上而下的，”她说，“我总是从上开始。”首要任务就是“量市场的体温”，就像医生在诊断之前都要给病人量体温一样。

如果是全球经济，就意味着需要评估那些预示可能发生模式改变或是全球运行方式改变的基本动态：某地是否有战争？饥荒？疾病？通货膨胀？通货紧缩？某地的移民模式以及其导致的人口结构是怎样的，这就意味着人们会去哪里创造经济价值——人们会离开哪里，认为哪里不再具有经济价值？货币的流通情况是怎样的，哪种货币现在有价值或正在贬值？重要的是，不同资产类别之间的关系如何，供需的方向是什么？

豪格鲁德利用这种基本面分析得出的结论来确定 3～5 个主题——可以想象成她做粮食交易时的筒仓——每一个主题最多包括 15 笔交易，每次总投资组合约含 35 笔交易。投资组合中的每笔交易必须满足两个标准：第一，基于基本面，必须能够产生经济价值——“我做的是价值交易，不是动量交易。”豪格鲁德说道；第二，必须处于豪格鲁德的技术价值区域内——做多的交易表示低估，做空的交易表示高估。

这种宏大的观点使豪格鲁德在做基本面分析时有明显优势，也就是说，能抓住其他人经常错失的东西；也使她在整个过程中拥有一个极具优势的起点，即利用价格分析模型去决定她所谓的价值区域。这个模型会分析全球主导性因素可能会如何影响大宗商品价格、利率、货币以及股票。基于她的粮食交易经验，她利用自己专有的技术分析模型，仔细审视全局性观点，从原始数据中筛选出那些被高估和低估的交易。

高缇尔公司的逆滞胀主题可以说明豪格鲁德实施策略的过程。在全局性观点中，起点是大宗商品的升值以及像股票、债券这种纸质化资产的贬值。在实际利率非常低的情况下，金钱数量巨大，而对于大宗商品的需求很大而且不断扩大，供不应求。这就是简单的现实，对战略措施的选择来说是一个实际性的启发，也就是说，同时发生的通货膨胀和通货紧缩预示着纸质化资产长达 30 年的主导地位已经发生了实质性的改变。

世界上一次同时发生通货膨胀和通货紧缩已经过去 30 年之久。纸质化资产（包括股票和债券）经历了 20 世纪 70 年代中后期的滞胀之后，于 1982 年见底。区别是过去通货膨胀和通货紧缩的同时发生是一种完全不同的形式：大宗商品价格持续下滑，纸质化资产却不断升值。大宗商品价格的回升花了几十年的时间，但在2007～2008年的全球金融危机中，大宗商品和纸质化资产价格都在攀升。自那以后，大宗商品的价格一路走高，但是利率却没有涨，这种情况下人们就会预测通胀、不动产价格上涨，或是相反的情况。豪格鲁德认为，如果你想卖掉债券来对冲通胀的话，这一次不会奏效。这一次世界并不缺钱。她还说，即使利率一直很低，也不能保证股市上涨。出生于“婴儿潮”时期的人最终开始缩短持股时间，财富和消费方面也在发生很大的人口结构变化。在她看来，“股票是世界上最被过度投资的、高估价值的、管理不当的资产类别——每个人的公司都被投资了”。

豪格鲁德说道，这次的关键在于新兴市场正以它们的方式走向繁荣。它们的经济发展，使数以百万计的人口摆脱贫困，饮食标准发生改变，对于食物的需求——尤其是对于蛋白质食物的需求——正在增长，对于农产品和农田来说，面临着上行压力。事实上，豪格鲁德认为，任何大宗商品发达的国家都将会经历利率、货币和基于大宗商品的股票（不单单是作为一种资产，还作为一种货币）的趋同。

在豪格鲁德的交易中，她对地理分布没有任何的偏见。在她30年的职业生涯中，在20多个地方安过家，她的信念是：开放性思维是发现投资主题、管理风险以及最终投资表现良好的关键。开放性思维并不意味着强势观点不受到高缇尔公司的欢迎。事实上，强势观点是必要的。但是金融和大宗商品市场瞬息万变，不要让自信变成固执非常重要。

管理风险

大宗商品的周期永远不会平稳或是容易预测，可能会发生供给冲击，也就是库存不足。21世纪第一个十年的历史告诉我们的是，无法预料的事件和惊人的规律性。这也是为什么豪格鲁德设计了一个清楚、精确而且非常严格的风险管理系统。

“风险和奖励就是一切，”她说道，“高缇尔公司只会做盈利是风险的3

倍的交易。”简而言之,豪格鲁德建立了——也严格遵守了——“我们拿什么去承担风险”的原则。其中一条是,任何时候她都不能接受超过投资组合2%的亏损。她称之为“硬编码止损”,目的是针对可能出现的极端情况对投资进行保护。另一个原则是两周或两个月期权的风险领子“对于全风险头寸是强制性的”——豪格鲁德说,这是一种能帮助她晚上入睡的保险策略。实际上,我认为她的大脑永远都不会完全休眠;在每一个时区,她的全球投资组合都在运作着,在不同的地方都会有交易发生。

当然,意想不到的事情在等式的两边都有可能发生,但是对豪格鲁德来说,只要一笔交易的潜在理由仍然充分,她就会继续下去,这是她风险管理过程的另一个关键。正如她所说,她需要“出于正确的原因做正确的事。即使我正在盈利,但如果保持交易的基本因素发生了改变,我也会退出”。她在做空恒生的时候就是这么做的;交易是可以盈利的,但是豪格鲁德“关闭了该主题,因为我出于错误的原因在做正确的事”。她说:“出于错误的原因而盈利意味着你在掷骰子,而不是交易。我们不是来赌博的。”

她的公司遵循的原则非常简单实际:投资组合的规模有限,把头寸纳入投资组合有严格的标准,持有或者剔除有硬性规定。虽然听上去很难,但豪格鲁德“没有发生过在特定主题中无法找到至少5笔满足评估标准的交易的情况”。她认为,原因在于多元化,这是评估成功交易的最好方法,也是一种风险管理工具。她希望通过交易多元化达到投资组合多元化的目的,这是她在雇用交易员时所考虑的——来自多元背景的男性和女性。高缇尔团队在对每笔交易做尽职调查时,这种文化的融合激发了不同思想的碰撞。她寻求交易技能——或者说,是她自己拥有的与生俱来的对交易的感觉——而不是在特定工具、地理位置或是战略想法上有专业知识。“关键是要找到某个被迫在五金店交易螺丝和螺母还能赚钱的人。”豪格鲁德说道,或者可能是能够从粮食商人那儿买来3货船粮食,再以合适的价格找到买家并谈好合适的运输成本的那个人。这是蕾妮·豪格鲁德应用到交易主张中的另一种形式的简约。

蕾妮·豪格鲁德的巨大收获：三种金融工具的交易

豪格鲁德是一个极为基于事实的人，她喜爱仔细分析数据，看一看她会不会找到某种粗略的关系。1993年的一天，她在阅读《经济学人》的时候就在做这样的事。她正在研究这本著名期刊后面几页上的数字，编辑编排的内容可以反映那一周的极端情形——最高和最低的利率、最强和最弱的货币、最好和最差的股票以及大宗商品交易所数据。

她正在查看哪一个大宗商品的交易价格超出生产成本最多，或是低于生产成本最多。黄金的数据吸引了她的眼球。黄金的名义利率最低，而交易价格比世界上最高的生产成本还高——超过40%，她认为生产成本不久将会下降。

还有一个数据也引起了她的注意：加拿大西部某些省发行的债券。她知道这些省的大宗商品资源丰富，《经济学人》的数据很清楚地体现了这些债券在所有发达国家中属于名义利率最高的那种。

资产类别之间的关系是怎样的？各种资产占上风的规律是怎样的？豪格鲁德在量市场体温的过程中，两个关键问题立刻出现了，对她来说答案很清楚：她应该做空黄金，这个世界上最贵的商品，接着将所得盈利用于以最低利率购买加拿大西部省的债券。

为了执行这笔交易，豪格鲁德借来了黄金，价格为每盎司410美元，比市场价格低1%。她把这叫作“一点点的杠杆”，然后她用这笔黄金去购买一年期加拿大萨斯喀彻温省、艾伯塔省和不列颠哥伦比亚省发行的债券，利率是9%～12%。

她还在寻找能够进一步对冲黄金空头头寸的办法。她希望如果黄金下跌，这个投资能够保值；如果黄金止跌回升，这个投资的表现能比黄金更好。该是什么样的投资呢？豪格鲁德开始探索南非、加拿大以及澳大利亚被低估的小盘矿业股票，这些股票有着很高的利润，而生产成本为每盎司300美元。当金条每盎司下跌60美元，黄金跌至350美元的时候，她寻找到的澳大利亚小型矿商都损失甚多，但是豪格鲁德在它们身上寻找的是她认为的巨大的价值，即使黄金一路走低。

“这三种金融工具都成功了。”豪格鲁德说道，并且都维持了较长一段时间。这是一笔简单的交易，但收益足够高，那一年的投资表现不仅完成了她预期的目标，还超出不少。

值得一提的是，豪格鲁德之前从未进行过上述这种“三种金融工具”的交易。一笔交易是通过其他交易来完成的。

经验总结

想法来自你去哪里寻找它们，不论是盯着屏幕，发现价格的不匹配，还是简单的对话，或是著名出版物的后面几页。但是当《经济学人》启发了高缇尔这种三种金融工具交易的想法时，豪格鲁德只认为这是一个赚钱的机会，这得益于她通过辛勤研究积累起来的经验。背景、智慧和尽职调查提供了交易的自信，让她不局限于仅仅拥有黄金头寸，当黄金上下波动的时候，仍然能选择持仓。挑选一个观点——更别说三个了——都常常是大多数人不能克服的挑战了——在不稳定的、有时候不灵活的商品和货币市场，更是如此。

也许比找到投资机会更重要的是，当你发现投资机会的时候去了解它。这就是为什么开放性思维是本章主要的经验总结，因为开放性思维能够帮助职业投资者和普通投资者关注到很多重要的问题。豪格鲁德曾专注于以一份政府部门的工作开始她的职业生涯。也许正是她林业方面的学位，让她在嘉吉从事文职工作期间透过树木看到了森林(不好意思，我玩了文字游戏)，并且能够抓住公司给她的机会。

但是其他人并没有得到她这样的机会，所以豪格鲁德认为坚持是她说服人力资源部，得到面试机会，最终得到工作机会的很重要的因素。作为嘉吉的一名女性交易员，她没有开辟新天地——有一些人确实做到了——但是她这份工作来之不易，尤其是对于一个从外包临时文员岗位走出来的人来说。

幸运也帮了忙。突破自我、从事交易工作之后,她非常幸运地接到了那个 sunnies 葵花子商人的电话。豪格鲁德能够看到别人看不到的机会。她保持开放性思维,当她被告知铁路运费无法降低的时候,她并不打算接受。凭借毅力、魅力和巨大的努力,她说服其他人也保持开放性思维——说服她的上司同意她从事 sunnies 葵花子交易,说服运输部经理去谈判,并最终说服了卖葵花子的商人。

在她继续保持开放性思维的同时,她在世界各地市场做所有资产类别的交易。她成为第一位同时管理多个交易(粮食、货币、信贷、分支机构和结构性交易部)的女性,她试图让他人也拥有开放性思维。她一路升职的过程并不容易,尤其是她那么多很有天赋的同事也是交易员。当然,豪格鲁德的直接主管并没有性别偏见,这对她也很有帮助。他并不是那种为华尔街输送成功女性的主管;恰恰相反,他只用损益去衡量一个人的能力。这是一种绩效评估,而豪格鲁德表现优异。

恒心和开放性思维贡献良多,但是并不能保证蕾妮一直成功。这些品质虽然很可贵,但是远远不够,让我们再加上其他的。蕾妮认为性别是另一个重要的因素。她认为,从这个方面来说,相较对于女性的一般印象,女性其实在交易的时候不带情绪,也不自负,反而更擅长做交易。情绪化投资是一种矛盾修辞法,因为强烈的情感会阻碍客观分析。非常重要的一点是,不要在交易量增加的时候盯住一笔投资,当它走势很好的时候不要沉迷其中、持股太久,也不要当你的投资理由失败的时候,自负地认为你可以跑赢市场。

保持开放性思维——不好意思,我又说了一遍——是至关重要的,不管股票是涨是跌,或者是中间的情况——当交易不成功,还一直产生机会成本。当为你的投资组合中的一笔头寸做决定时,不要让不作为成为一种决定,这样你就可以专注于已经投资的产品或者是放弃它。

寻找不同的观点。如果你周围的人想得都差不多、说的话都差不多、来自相同的背景，就很难碰撞出新的投资观点。每当我做多股票或是做空股票时，我都会尝试找到交易中和我立场对立的人。当然了，找到做多的人总是比找到做空的人容易，但我仍然会尝试找到一个我尊敬的人、和我唱反调的人，找到一个不同的观点。如果我考虑要在欧洲投资，比如做空欧元，我就想和一群知名的货币交易者对话，一部分人做多，其他人都是做空，其中最好有一位欧盟的经济学家。只有倾听不同的、反对的观点，投资者才能找到交易的理由，并且可以很自信地说这是值得投资的。豪格鲁德周围的分析师国籍不同，所受的训练也不同——大多数个人投资者不具备这样的资源。这时候，坚持和辛勤研究就能发挥作用了。投资者需要的很多资源在互联网上都可以找到，强大的搜索引擎也让解锁不同观点变得容易。

本章的另一个经验总结是：知道什么时候不应保持开放性思维。对每一笔投资，都应该有一个说服性的理由，并且在投资的过程中要严格关注。优秀的投资者判断自身的标准是了解整个投资过程并从中盈利的能力，他们认为运气是不常有的，运气不是成功的基石。当一笔交易的发展并不如你所料，得关注原因；如果你的投资理由完整，那可能是一个买入机会。但是如果和你预期相反的结果是由于不可预见的事件，那就放弃。相反地，如果投资由于你曾经预料到的一个不同的原因而表现良好，也要放弃，因为你现在处于不知深浅的水中，好运可能在转眼间变成厄运。简而言之，明确你为什么投资，并且不要再找另外一个理由继续持股。除了价格走势，基本面也是决定你的投资策略的因素。

罕见现象：华尔街的女性榜样

《梧桐树协定》是于 1792 年 5 月 17 日在一棵梧桐树下签订的，这个地方现在是华尔街 68 号，也是纽约证券交易所的前身。在之后的 200 多年中，很多事情会发生改变，在所有积极的进步之中，不变的是行业的种族和性别组成，白人男性仍然占大多数。我的女儿们出生之前，我从未关注过华尔街女性和少数族裔的数量之少；但是之后这个情况开始被我关注。当我涉足管理领域时，我努力不去抱有性别成见，结果我可以告诉你，我的部门的女性比雷曼兄弟任何其他部门的都要多。也许这是个好时机，让我来顺便提一句，我的销售水平是华尔街最好的，超过高盛集团、摩根士丹利以及美林证券这些公司的平淡无奇的销售人员。这一成功对于雷曼兄弟的某位同事来说不太好，他不能理解为什么我会给我部门的一位即将休产假的女性发一整年的奖金。"如果你不给她发奖金，她会去哪儿？"这个白痴想知道，"谁会雇用怀孕了而且还要离开 3 个月的人？""你有 3 个女儿，"我提醒他，很明显是在讽刺他，"你想让她们被这样对待吗？"

10 年过得很快。我的小女儿升大二之前在华尔街找实习工作。在不同的公司接受了很多面试之后，她问我为什么这些公司的高层都没有女性。"这将由你去改变。"我回答道。她做自己，热情地接受挑战（第一步就是成为一家投行的实习生，这对一个大二学生来说是基本不可能的）。她的决心让我很欣慰，但是她准确的观察结论让我很难过，而且我清楚她要走的路不会和那些不受性别和种族歧视的人一样平坦，我真的很难过。我和女儿的一番交流也促使我寻找一名女性，写进本书中——为我的孩子，也为所有的女孩树立一个女性榜样。这一行处于顶端的女性是如此之少，这是可悲的现实。蕾妮·豪格鲁德是少数管理数额庞大的对冲基金的女性之一，很出类拔萃。但是，并不是她的性别，而是她的表现让她如此出众。自 1999 年高缇尔有限责任公司上市到2011年前10个月，该基金回报其初始投资者高达300%的收益，其平均年收益超过11%。这是世界级的收益表现，很少有其他的基金能与之匹敌。事实上，在同一时期，标准普尔500指数(最广泛使用的市场评估标准)表现平平。

2011年初，在美国史无前例地出现女性占劳动力的大多数的现象。但是，在美国公司中处于高层的女性数量只上升了一点点，她们目前主导公司的中层职位。美国劳工部的数据显示，女性目前从事超过50%的管理和专业工作，比如会计和银行业；在律所，女性合伙人占一半。1980年，女性只占这些工作的25%，这是一个实质性的增长。[1]

但是，性别平等的战斗还没有胜利，因为对冲基金经理中女性所占的比例非常小，即使她们的表现是超过男性的。2008年初，对冲基金投资额达1.9万亿美元，女性管理的部分只占其中的3%。[2]下面这段话节选自2010年的一项研究，标题为：基金管理中的女性：达到关键规模的路线图。为什么这很重要？这段话非常有启发：

2007年对冲基金研究公司(Hedge Fund Research, Inc.)发布的HFRX多样性指数(形式上)调查了女性和少数族裔人群管理的对冲基金组合的表现。该指数大约包括一半的女性，自2003年起平均年收益率达8.21%，而HFR的另一个更广泛的指数——HFRI基金加权综合指数是5.98%。在市场不景气的2008年，这一差异更明显：HFRX多样性指数收益率为−5.41%，HFRI基金加权综合指数为−19.03%。2009年的第一季度，市场有所回升，HFRX全球对冲基金指数上涨2.79%，而HFRI基金加权综合指数仅上涨0.38%。在一个由投资表现驱动的行业，这一结果应该结束长期以来的偏见：女性对冲基金经理不如男性。并且还应找出最好的女性管理的对冲基金，尤其是那些有明确的多样化目标的机构投资人。[3]

资料来源：全美妇女研究会

但是光是投资表现本身不足以为女性经理吸引更多的投资，相同的研究指出：

事实上，数据显示，总的来说，相比于男性，获得资本对女性来说是更大的挑战。比如，根据考夫曼基金会(Kauffman Foundation)的一项研究——企业增长的守门人：风险投资行业女性的角色和参与[4]，尽管在美国，女性管理的企业占了将近1/3，但历史上，女性企业家获得的风险资本比例很低——只有4%。

豪格鲁德和她的丈夫约翰·墨菲正努力改变造成这一现象的偏见。最近，他们向查塔努加市的田纳西大学捐赠了200万美元，其中的3/4将被用于一个“为女性建立的基金会，以帮助女性在金融和商业方面收获成功的职业生涯，并且最终培养重要的生活技能”。这为女性交易者提供机会的150万美元，也有希望给豪格鲁德带来最大的投资回报。

〔1〕www. theatlantic. com/magazine/archive/2010/07/the-end-ofmen/8135/.

〔2〕G. Fabrikant，“女性正在攀登的金融角落”。www. txwsw. com/pdf/women_fund_mgt. pdf.

〔3〕www. txwsw. com/pdf/women_fund_mgt. pdf.

〔4〕“企业增长的守门人：风险投资行业女性的角色和参与”（密苏里州，堪萨斯城：考夫曼基金会，2004年）。

第四章　繁荣的幻灭：吉姆·S. 查诺斯

可以想象一下，13 世纪的马可·波罗曾说过一句有先见之明的话："中国是未来。"在 21 世纪，这句话被资深投资者和普罗大众不断重复，愈演愈烈。在 21 世纪的第一个十年，如果你问美国或者西欧的任何人，尤其是当他们坐在全球经济论坛的会议桌边：未来要把钱投资到何处？他们会回答你：中国。中国被视为将取代西方，成为世界新的经济力量。那里是新财富被创造的地方。

对某些人来说，这让中国成为世界的救世主，因为中国是世界上经济发展最快的国家，取得了飞速的发展。我写到这里的时候，中国保持着世界第二大经济体地位。中国似乎很有实力帮助其他国家走出全球经济衰退。如果曾经占主导地位的西方经济体最终排名有所下降，这没什么。每个人都有一个价格，为不断的繁荣买单，永远都是不错的价格。

对其他国家来说，中国现象似乎很引人注意。他们认为中国的崛起会遏制西方霸权，不仅是经济层面，而且是在每个方面——政治、文化甚至是军事。这些人当中的某些人——比如说高调的亿万富翁唐纳德·特朗普——认为与中国的竞争是一场战争，每一方面的战争。对其他人来说——最著名的代表人物就是投资大亨吉姆·罗杰斯(第八章将会专门讲述他的故事)——则希望他们的孩子抓住中国的机会。罗杰斯不只是嘴上说说而已。他出售了所有的美国资产，把他的家搬到新加坡去了，让他的女儿现在就能拥抱这种机会——这是罗杰斯的个人承诺，让他的孩子能够在每个父母都有所期望的未来占有优势。

事情就是这样。在金融访谈节目、报纸、受欢迎的出版物上露面的知名人士，甚至是深夜节目里的喜剧演员，都会意见一致地说：中国经济呈急速上升趋势，经济的指挥棒将很快从西方传到东方。很快，我们所有人都将为中国工作。这种观念成为普遍认知，被一致同意和接受。[1] 记住这句话——中国的崛起在未来会带来更多的机会；机会不会消失。

然而也有一小部分反对者，少数的质疑者。一些分析人士质疑根据中国经济活动的既有事实就得出的草率结论。这些人当中著名的代表人物就是吉姆·查诺斯。当时，查诺斯的股票交易就是在说“不”，一种自然而然的对普遍认知的拒绝，都没有质疑的过程。这就是卖空者做的事情——他们预期股票行情会下跌，目的是从下跌的股价中盈利。查诺斯经营着业内最大的空头基金：尼克斯联合基金公司（Kynikos Associates）。

事实的支持者

试想一下，市场对他来说理解起来轻而易举。当他还是一个生活在密尔沃基的小男孩时，就总是听他的父亲说：“为别人打工你不会富有。”父亲告诉他，必须经营自己的公司，或是通过市场来致富。小吉姆最终可能两者都做。

一开始，他读了很多关于市场的书——这很常见，不过查诺斯当时才三年级。市场和金钱是查诺斯家里经常提及的话题——查诺斯的父亲拥有干洗连锁店，他的母亲在一家钢铁公司的行政办公室工作。在耶鲁大学主修经济学期间，他的毕业论文主题是关于总统选举周期、货币政策以及股票市场回报的。查诺斯热爱研究。

投资当然是查诺斯想从事的职业，但是从耶鲁毕业之后，他没有兴趣

---

〔1〕 作者评论：我相信未来的很多年，中国就是增长机会，并且有巨大的经济潜力。但是，这种过程将会是曲折的，而对于这种过程的期待有时会超出现实。我不相信有人会质疑这一增长，查诺斯也不例外；我质疑的是投资者在某个时间点应该抓住什么样的机会。

去纽约。他在1980年毕业之后，把简历发送给芝加哥的公司，成为并购之后的布莱斯·伊士曼·普惠公司(Blythe Eastman Paine Webber)的分析师。参与合并的两家公司是知名的“白鞋公司”——白鞋公司一般由北美中上层白人精英管理，存在偏见且带有保守色彩。这在当时并购盛行的风潮中是不合时宜的，并购之后的公司变得很分裂，不同的合伙人在开拓不同的领域。当两位布莱斯公司的前合伙人离开，创立了他们自己的投资公司——盖尔福德证券(Gilford Securities)时，他们邀请查诺斯担任金融分析师一职。相比于布莱斯公司一开始分配给他的工作，他对于研究股票市场更感兴趣，所以他答应了。

定义股票做空：给那些还没有见过阴暗面的人的入门指南

“做空”股票并且你预期股价会下跌，这就是“做多”股票的对立面，做多意味着你预期股价会升高。但是这两种交易的性质非常不一样。

买股票很容易，仅仅是你愿意出的价格是卖家愿意接受的价格就行。

做空就要复杂多了。首先，你的经纪人必须找到“借出者”[1]。也就是说，持股人愿意把他/她的股票借给你，你承诺在未来某个时间会归还股票。作为回报，持股人收取利息。这种常见的交易——“卖出空头”，意味着你卖出的股票不是你实际拥有的(而是借来的)，你承诺最终会在未来某个时间在公开市场上买入这些股票来还给持股人。当然，你希望以更低的价格归还这些股票，从中赚取差价。把股票借给你的持股人当然希望你的预测是错的。举个例子：

你一直在观察某家公司，我们暂且称它为MovieStream。股价是每股100美元，市盈率(简称P/E)高达50倍。在你继续研究这家公司的过程中，你读到一份交易出版物，提及有一些公司准备提供竞争服务。无可非议，你意识到MovieStream将会面临压力，所以你决定做空。你的研究是正确的，股价跌至每股50美元。这时，你抵补头寸，购买了市场上的股票，将借来的股票归还给持股人。你每股可以赚

50 美元，很好的收益。一开始，每股 100 美元的债务现在是每股 50 美元的盈利。当然，借股票给你的人损失的是同样的金额。

现在让我们再来看一下其他可能性。交易出版物的判断错误，市场上没有出现竞争服务，未来也不可能有。股票最终涨到每股 150 美元，也就意味着你的空头头寸每股亏损 50 美元，你借来的股票每股负债增加 50 美元。当空头的趋势和你预期的相反，头寸会变大；当多头的趋势和你预期的相反，头寸会萎缩。如果你的总投资组合一开始价值 1 000 美元，MovieStream 的空头头寸是 100 美元，它占你的总投资组合的 10%；如果股价涨到每股 150 美元，趋势和你预期的相反，它就占你投资组合的 15%。

还有“拥挤的”空头头寸，也就是说，很大一部分发行的股票被卖空者借去了。偶尔这些交易是可行的，但是让卖空者们头疼不已。如果股票的卖空份额超过发行份额的 10%，那么卖空份额就会被视为重要，但是股票的卖空份额达到 20%～25%的情况不是很常见。“拥挤的空头”极不稳定，关于潜在基本面的任何好消息都可能造成股价的上行压力，因为弱势卖空者会争相补仓，常常不顾看空的依据仍然是完整的。股市的回升也可能给空头头寸造成压力，正如股市的大跌会造成低迷的股价一样。事实上，某些交易者采取的策略是仔细研究市场，找到大额空头头寸，买入，希望能通过逼迫卖空者们补仓（因为面对股价上涨，卖空者们往往会控制损失）来“挤压”他们。记住卖空者潜在的亏损是无限的，因为股价可能一直上涨，而做多者潜在的亏损是有限的，即使股价跌至零，他/她损失的也只是当初买入时的那笔本金。

〔1〕大多数持股人不知道他们正在把自己的股票借出去。通常情况是这样的：一家很大的指数基金管理着几十亿美元的资产。它会把可借贷的股票提供给你的经纪公司，收取一定的费用，或者说，你的经纪公司有自己的大量可借贷的股票，可能是它的客户的股票，以华尔街的名义持有。这些基金公司会接到电话，告诉人们哪里可以借到股票，接着再把股票借给卖空者们。

做空鲍德温联合公司

查诺斯研究的第一家公司很古怪，叫鲍德温联合公司，前身是一家钢琴公司。用查诺斯的话来说，这家公司"摇身一变成了一家野心勃勃的金融服务公司"。其最大的产品是趸缴保费延期年金[1]，通过华尔街的经纪公司销售，正是这个产品使鲍德温联合公司成为华尔街股票分析师们的宠儿。这家公司变身之后，运营模式焕然一新，业务方式新颖独特，营收也更好。

查诺斯并不和其他分析师一样乐观，尤其是在他得到一位不看好该公司的保险分析师的建议之后。这位保险分析师质疑鲍德温联合公司的管理，并且因为担心工作保障被封口。

查诺斯仔细研究了这家公司的公开声明，发现其不符合他所谓的三次原则——"如果你阅读了一份财务声明三次，却不能理解，这家公司就是故意的。"采纳了这位保险分析师的建议，他还仔细阅读了相关州保险专员写给鲍德温联合公司的信（该公司的总部位于阿肯色州）。这些信是《信息自由法案》要求出具的，对大众公开。在这些信中，保险专员问了一系列关于该公司偿付能力的问题。

事实上，查诺斯做的所有研究都是基于已有的文件的——这也是他在耶鲁管理学院很早就教给学生的一课，他在耶鲁管理学院担任讲师。这意味着关于鲍德温联合公司的所有证据，正如他所说，"都隐藏在显眼的地方"。

很多信息都是证据。作为一位专业的分析师，查诺斯在资产负债表、会计记录以及所有法律要求的金融文件方面都很精通，他想不通这家公司是如何赚钱的。记录显示该公司根本没有足够的盈利去支付其在售的年金。更糟糕的是，州保险机构竟然同意鲍德温联合公司"预先确定其所

---

〔1〕 趸缴保费延期年金是个人和保险公司签订的一种合同，投保人需在投保时把全部保险费一次性缴清，保险费将被用于投资，之后用于被保人的终身保险金分配。

有的未来盈利”，这就意味着该公司可以在报告上及时显示盈利，而实际上斥资给销售其年金的经纪人付工资。

在某些人的眼里，吉姆·查诺斯就是个孩子——一个生手，大学毕业没几年。所以可能他并不知道没有关于这家公司的负面报告，尤其是像鲍德温联合公司这样一家受到华尔街青睐的公司。这是人人喜爱的成长股，曾上过《福布斯》杂志的封面，代表着金融服务业一大了不起的创新。然而，当查诺斯把他写的关于鲍德温联合公司的负面报告提交给盖尔福德证券的高层时，他们都支持他并且采纳了他的建议做空鲍德温联合公司。他们这样做的理由很简单：吉姆·查诺斯有证据。除了必需的 10-Q 和 10-K 报告以外[1]，他还有鲍德温的管理层所写的备忘录，关于如何具体地预先确定其未来收益；他有阿肯色州保险专员写的担心该公司偿付能力的信件；他研究过这家公司的数据，还撰写了研究报告，有参考文献、引用和脚注——这就是基于事实。

查诺斯于 1982 年 8 月 17 日公开了他的报告。比起查诺斯的报告发表，这一天更能被记住的原因是当时股市正经历查诺斯口中的“惊天动地的牛市”，从那时起开始了兴盛的 20 世纪 80 年代背景下的股市大繁荣。“时机，”查诺斯说道，“永远不是我的专长，但我仍然为我那份报告感到骄傲。”

可以说盖尔福德的客户没有因为这个时机而激动，也没有对做空感到兴奋——至少一开始并没有。但是随着时间的推移，关于鲍德温联合公司的事实得到了越来越多的关注。到了 10 月，华尔街已经了解了情况并开始提出查诺斯曾经问过的问题。查诺斯开始受到分析师以及利益相关方的反击和反驳。他们没法攻击事实，就开始散布谣言。很多人说查诺斯是新手，他没有保险经验，从未接触过管理。

这是第一次，但不是最后一次查诺斯受到嘲弄。[2] 至少他不是一个

---

〔1〕 美国证券交易委员会要求上市公司提交季度(10-Q)和年度(10-K)财务报告。
〔2〕 卖空者常常是众矢之的，但是在 2008～2009 年的金融危机期间更甚，国会对卖空者施加压力。对金融股票的卖空曾被禁止一段时间。

人;他一直有盖尔福德领导层的支持,他有事实。当《福布斯》着手对鲍德温联合公司大做文章的时候,编辑们故意让查诺斯解释一下他的报告,他照做了。当该杂志没有自行找到"确凿证据"的时候,它刊登的文章认真对待查诺斯的分析了。

当一位关键的华尔街分析师直接反驳查诺斯的一个观点时,他突然意识到这位分析师从未深入地研究过这家公司的情况。这一发现促使查诺斯建议盖尔福德的管理层双倍做空这家公司——理论依据是如果没有人愿意面对真相,当水落石出的时候,事情往往会更糟糕——管理层同意了。鲍德温联合公司的股票很快暴跌,这笔做空收益可观。

平安夜的时候,吉姆·查诺斯得到了回报。查诺斯在和家人回家的路上接到了电话,有人告诉他阿肯色州介入,查封了鲍德温联合公司并没收了其全部资产。那个时刻,查诺斯感到了些许满足感。

生活中关于未来的决定是基于曾经的经验的——成功的和失败的经验。在21点牌桌上赢一回之后,就会不断尝试复制成功的经历。对于查诺斯来说,这就是他第一次做空的成功经验,不过不像21点那样具有运气成分,他的成功是基于熟练的分析,这次成功奠定了他的未来。他从不回头看。做空鲍德温联合公司使查诺斯名声大噪,识别出隐藏在表面现象背后的重要事实的做法也成了他的名片。

卖空大师

经不住德意志银行的诱惑,查诺斯最终搬去了纽约。他开始调查垃圾债券大王迈克尔·米尔肯经营的德崇证券公司,并建议做空。米尔肯是个天才,他创造了一种全新的公司融资方式。基于大量债务,当公司基本面和经济表现强劲时,杠杆化股票可以提供巨大的收益,但是当其中个别因素恶化时,就会下跌。查诺斯是最早一批指出这种融资机制有危险的人之一,他把重心放在几个信用不佳的公司上。有人指控查诺斯和其他卖空者实施狡猾的策略,德意志银行的高层很紧张。大公司因为多样化的业务线和众多选民的原因——换句话说,公司政治的原因——往往会考虑其他因素而不是单纯的业绩。这种误导性的攻击致使查诺斯丢了工作。但是他对于德崇证券公司的判断是正确的,这笔做空最终也盈利了。

他于1985年成立了尼克斯联合基金公司,这是一家卖空公司,经历了一些严重的亏损,也有一些重大的盈利。在1986年,这家公司做空商业地产;1986~1992年间,它在导致次贷危机的房地产泡沫中,再次做空房地产,还做空了波士顿炸鸡公司(Boston Chicken)、Sunbeam、Conseco、泰科国际(Tyco International);当然还有2000年震惊世界的事件:做空安然。

查诺斯说,安然和鲍德温联合公司两者之间的比较很"怪异"。安然是一家处于行业顶端的公司,曾发明了一种新的业务模式,备受华尔街喜爱,轻松赚大钱,并且成为家喻户晓的公司。而鲍德温联合公司是"所有事情都隐藏在显眼的地方",查诺斯说:"你只需要去仔细看。"他研究安然的时候,安然还是华尔街的宠儿,巨大的盈利诱惑分析师和股东进入他们的投资可以永远盈利的幻象之中。安然的首席执行官肯尼斯·雷曾是美国最受尊敬的执行官之一,质疑他的人会被视为异类。

查诺斯质疑了,也调查了。这是一个极大的收获,给他带来了更大的名声:美国杰出的卖空者。

顽强且成功的愤世嫉俗者

吉姆·查诺斯欢迎我进入尼克斯联合基金公司的办公室——这是一个书架上的书多到装不下的地方,它的主人太开朗、太有魅力了。查诺斯很随和,能言善辩,很擅长讲故事。他显露出友善,他的快乐和可爱的微笑都显示出这是一个感到满足的人,但这些性格特征不像是一位传奇卖空者所具有的。

卖空者不会是最讨人喜欢的人。他们的存在对股票来说是灾难来临前的阴霾，因此他们是最不受欢迎的客人——尤其是在派对上别人都在尽情享受的时候。他们可能默默忍受着孤寂，就像在荒野中发出孤独的声音，而这种声音是很多人不愿意听到的。这些人迁怒于传递消息者。时任摩根士丹利公司 CEO 的约翰·马克在 2008 年金融危机的时候就广为人知地这样做过。雷曼兄弟的前 CEO 迪克·富尔德也是如此。[1] 但是每个人都忽视的一点是，卖空者并没有捏造新闻，也就是说，不是他们创造了不良的基本面。相反，他们能够识别出别人忽视的（不是视而不见，就是不努力寻找）投资理由的漏洞，并从中盈利。

卖空者很愤世嫉俗，质疑他们看到的所有事情。愤世嫉俗者的英文单词是 cynic，这个词起源于希腊单词 Kynikos，这个词给了查诺斯启发，他把他的公司命名为尼克斯联合基金公司（Kynikos Associcates）。这个单词粗略的翻译是“像狗一样的”，但是从词源的角度来说有更广泛的含义。古代哲学家安提斯泰尼和第欧根尼的追随者聚集在一个叫作 Kynosarges 的地方的体育馆里。Kynosarges 位于雅典的郊区，是给那些没有正宗雅典血统的人使用的场地，所以这群愤世嫉俗的人一开始就被视作外人。在这个体育馆中，被称作“愤世嫉俗的哲学家”的安提斯泰尼给他的追随者布道。他们的哲学蔑视财富，追随者表明对传统利益的拒绝，并住在大街上。除了像狗这个特征以外，他们又丰富了对于愤世嫉俗者的解释——另类的、对立的、坚韧的。无独有偶，这些品质（除了朴实的生活方式和对财富的反感）正是一位卖空者必须具备的，如果他/她想要在一个被良性市场主导的世界中盈利的话。

“空头头寸就是一种对冲，应该产生正值阿尔法，”查诺斯说道，“这是一种支付保险费的保险政策。”自查诺斯创立尼克斯联合基金公司以来，该公司的空头基金在超过 25 年的时间里都做到了这一点。该基金管理两个投资组合的 70 亿美元资产，一个是美国的投资组合，另一个是全球

[1] 约翰·马克和迪克·富尔德责备卖空者给他们带来偿付能力问题，从不承认很可能是缺乏恰当的风险管理才导致公司几乎破产。马克和富尔德都没有指出的是，他们的公司因为促进了卖空公司的业务也收获了可观的营业额。

的。每个投资组合只包含 50 个头寸。

风险管理对卖空者来说至关重要，是通过头寸限制来管理的。查诺斯说："有两种方法可以管理空头的风险：一是止损，二是头寸限制。止损对我们来说，不管是出于交易还是情感方面的考虑，都不起作用。当你退出一个头寸，就很难再去持有。"在他的投资组合中，没有一个头寸的比例是超过 5%的。"如果达到 5%，"查诺斯说，就会自然而然地"被控制在 4.5%"。他说，头寸规模的研究和"把一只股票纳入投资组合的研究"同样重要。即使是在公司最困难的时期——1996～1998 年做空美国在线（AOL）——"该头寸都从未超过 1%"。

诚然，卖空的真谛就是永远去寻找不良情况。为了这个目标，查诺斯说："我们所有的工作都是科学取证。"查诺斯和他的小而有经验的团队（其中包括一些人曾做过调查记者）往往不与公司管理层对话。"CEO 不知道或者不应该告诉你他们对未来的预测。"查诺斯说道。在前景预测方面，"公司管理层比任何人都差"。[1] 相反，"我们开了头。"他说，接下来的就是检验理性、诚实。

"在过去的 30 年中，"吉姆·查诺斯称，"每一起重大的金融诈骗都是被内部检举者、记者以及/或者卖空者发现的——或是上述这些人共同发现的。而不是靠美国证券交易委员会，不是靠执法部门，也不是靠内部审计员或者顾问。"这就是为什么他认为，维护金融诚信，卖空者是至关重要的；用查诺斯的话来说，卖空者"是受到市场激励的一群人，他们可以根除诈骗"。人们谈及做空时总是很激动，而卖空者让查诺斯惊讶的一点是，卖空的做法是尤为理性的——这大有裨益。"卖空者可以说是终极资本家，"查诺斯说道，"如果没有我们指出市场失灵的表现，资本市场也不会运作。"

---

〔1〕 在第六章，查克·罗伊斯将会提到，他感觉投资一个头寸前没有必要谈管理，他倾向于在自己进行分析之前不带有偏见。

投资中国

尼克斯的“犬协会”[1]以及该公司传奇的论调不乏讽刺意味，因为众所周知，在中国有些地方，狗肉是出现在菜单上的。然而也有食狗肉者最终被吃的情况，至少，吉姆·查诺斯自2009年秋天开始的豪赌算其中一个。

查诺斯的投资中国之路很曲折。这家公司一直在研究一些铁矿石以及其他大宗商品生产商的收益。查诺斯说，这些收益“目前为止都高于历史标准”，因此他决定深入调查。事实证明，虽然中国经济只占世界经济的10％，但80％的边际需求都来自中国。

查诺斯指引他的员工找出其中的原因，他们发现答案藏在A级写字楼的面积之中——正在施工中或是处于规划阶段的设计精美、最高品质、高调的办公楼。总面积达28亿平方米。“你一定移过小数点。”查诺斯说，打断了正在做演示的分析师。“这也是我一开始所想的。”分析师回答。这个数字是正确的。

查诺斯快速地进行心算：28亿平方米大约等于300亿平方英尺。他快速地计算着，考虑到中国人口，这个数字意味着中国每位男性、女性、孩童人均拥有一间5英尺乘5英尺的办公间——这实在是太荒谬了。“那个时候，这一前所未有的建筑潮的面积大到让我震惊，”查诺斯说道，“这简直是为了建而建。”

一如往常，他深入调查。哪些数字是尼克斯的分析师所遗漏的？哪些数字是不真实的？研究进行得很快但是很深入，并且发现了查诺斯所谓的两大“神话”，需要“被解决”。

一大神话是迁移论，即2 000万～3 000万的农民迁移到城市，急需住房。即使查诺斯怀疑从农村迁移到城市的临时工数量要高于数据显示的

---

〔1〕 作者的戏称，指查诺斯的公司名称有“像狗一样的”含义。——译者注

2 000 万～3 000 万，住房的确是急需的，但是正在建造的却不是经济适用房；相反，是租金高昂的高楼大厦，只有 2%～3%的人口租得起。查诺斯对这一建筑潮产生了疑问。

查诺斯对这些人有些同情。他回忆起中国的房地产市场，在 20 世纪 90 年代才起步；历史不悠久，兴起没多久。市场"没有空置建筑的经验，贬值是没有道理的"，查诺斯说道。再者，出于文化遗产和未来盈利的考量，每个人都想拥有一套新的公寓，而市场上有大量公寓出售。但是，查诺斯问道："他们买了这些公寓又将卖给谁呢？"

同时，投机潮"并没有缓解低收入劳动者的住房问题"，这些劳动者还在涌入城市。

结论是："目前供大于求。"

另一大神话，查诺斯说："是没有人借贷。"部分由于文化遗产和政府的信贷控制，有这样一种假设：每个中国人都用现金支付。查诺斯发现，事实是"信贷增长在中国呈爆炸趋势"。各市可能不会发行债券，而当地官员就与开发商合作，建立当地政府的一个融资机制，可以为大型开发项目贷款。小企业可能得不到大银行的贷款，寻找贷款是通过积极的、隐蔽的、提供首付和小额借贷的渠道。查诺斯发现，就连大公司也开始动用公司现金在房地产潮当中投机，设立了房地产子公司。

尼克斯的研究估计，2003 年，中国的贷款占 GDP 的比例在 20%～25%；有些预测认为，中国总私人贷款是 GDP 的 200%。实际上，没有人知道有多少贷款是尚未偿还的。政府不断努力收紧信贷市场，让银行、公司和个人贷款更加困难，但是不管是贷款人还是放贷人都想尽办法避开这一举措。中国影子银行的规模约为 1.5 万亿美元，大到惊人的借贷金额。但是中国的牛市似乎不在意，查诺斯称，如果有任何不良债务的情况，有人认为中央政府会担着；至少这是那些对"未来"的支持者的救命稻草。如此大的未偿还贷款是很大的一个负担。

即使某些关于中国的数据很混乱，有数据丢失的假设，还有对于"卖空者通常接受流传的假设"一说的怀疑，但查诺斯剖析事实，不管有多怀疑，甚至是愤世嫉俗，他都会开展分析，“你可以看出建筑潮的规模和方向”，“非常庞大而且在兴起”。尼克斯最终估算出房地产相关的活动占中国 GDP 总量的 60%——查诺斯认为这绝对是史无前例的。“世界历史中有一件独特的事情正在发生，”他总结道，“在美国的房地产泡沫破灭仅仅两年之后，我们眼前有一个世界级别的现象正在膨胀。”

他把这称为“巨大的土地繁荣”。“土地支持所有。这是市政金融的基础，是所有贷款的总和；这是房地产的附加值。随着土地的发展，中国经济的很大一部分也会发展。”基于此，2009 年末至 2010 年初，尼克斯开始做空中国房地产市场。查诺斯说，这是“非常好的卖空”。

查诺斯费心地把他的做空仅限于中国的房地产泡沫。他打的赌是看衰建筑潮。与把指数作为衡量标准相反，他的卖空关注开发商、银行、大宗商品供应商，甚至是和房地产泡沫有联系的铁路公司，以及在香港或其他地方的交易。[1] 查诺斯说，但是尼克斯会“从经济层面做多中国的房地产市场”。他的公司特意做多澳门的公寓。

当我出版本书的时候，中国的经济确实有放缓的信号，许多经济指标都有收缩的倾向。房地产调查显示交易正在放缓，在大部分的主要城市，房价正在下跌。欧洲作为中国最重要的出口市场，需求也在下降。中国政府不会允许国家经济硬着陆。美国在资本方面可能比中国更有经验，但不能防止经济衰退，而美国的市场预测则是，一个信奉共产主义的国家，在控制经济放缓方面可以做得更好。

把你的钱投资于永恒的人性，而不是一时的迷恋——尤其是基于复杂的“事实”——可能是也可能不是典型的卖空者的做法。但这绝对是典型的吉姆·查诺斯的做法，尤其是加上不懈的研究成果。当他声称他现在主张的和投资的、与每个人所确信的相悖的，才是未来的大势，你会赌他输吗？表 4.1 或许能帮你回答这个问题。

---

[1] 在完成这次采访的几天之内，中国主要的主权财富基金购买了中国的四大银行的股票，力图支持这些银行的资本化。

表 4.1　　注意：全球价值陷阱

传统卖空主题	价值股票：明确的特征
• 泡沫破裂	可预测的、持续的现金流
• 消费者的一时狂热	防御型业务
• 技术陈旧	不依赖于卓越的管理
• 结构有缺陷的财务	低/合理的评估
• 值 1 美元的东西卖 2 美元	运用很多标准的安全边际
• 价值陷阱	可靠的、透明的财务报表
价值陷阱：一些常见特征	**目前的价值陷阱**
• 周期性以及/或者过度依赖一个产品	清算信托
• 后来之见驱动期望	数字分销破坏
• 大牌管理团队以及/或者知名投资人	误导
• 用管理团队的标准来看，很便宜	特定商品
• 财务问题	吹大泡沫

淡水河谷公司(纽约证券交易所股票代码：VALE)：泡沫会不会破裂？

• 周期高点创造了对价值的印象

远期市盈率 5.1 倍[①]，运营现金流利润超过 45%

每吨 160 美元的铁矿石价格，超过 30 年历史平均水平的 5 倍

• 资本支出通胀在上升——2011 年的预算为 240 亿美元；比 2010 年增长 85%

• 问题资本配置——淡水河谷的海军股(VALE Navy)

12 艘被命名为“中国型”(ChinaMax)的 40 万吨级矿砂船(“VLOCs”)

“我们不靠货运来赚钱。”——淡水河谷市场、销售和策略执行官何塞·卡洛斯·马丁斯

• 不确定的中国需求增长的巨大敞口

2010 年中国占淡水河谷铁矿石销售的 43%，比 2008 年增长 29%

依赖中国固定资产投资的持续增长

• 巴西政府在战略决策方面的影响

经济的关键驱动因素——2010 年铁矿石出口占总出口的 17%

传闻 CEO 阿涅利与新选举出的政府关系紧张，最近阿涅利辞职

注：①基于彭博社的预测。

资料来源：1. 选自吉姆·查诺斯于 2011 年 10 月 17 日在价值投资会议上发表的演讲。

2. www.valuewalk.com/2011/10/jim-chanos-full-presentation-investing-congress-2011/#ixzz1fmCLNFq6.

经验总结

对冲基金的定义是：对对冲基金经理预期会升值的投资和会贬值的投资即时打赌，希望从两者中都能盈利。有了对冲，他们希望不管市场行情如何，都能从一笔头寸中盈利。但是要问任何一位对冲基金经理：什么是投资最难的方面？他/她会承认是“找到行得通的空头头寸”。

“空头头寸”和“行得通”这两个词互相依赖。不难找到一家基本面正在恶化的公司，但难的是找到一家还没有把股票贴现转化成财富掌握在手里的公司。小公司通常对空头头寸来说是更肥沃的土地，因为一般它们不太被调查，但是像尼克斯这么大规模的基金需要庞大的头寸或者是多个头寸、依靠同样的主题来对其总体表现产生影响。当然，在通往判断正确的路上，你需要保持耐心、承担亏损，这样你最终才可以获得收益。很少有对冲基金，也很少有个人，有勇气坚持空头头寸；抵制不了诱惑、随波逐流总是更容易。想象一下，总是去电影院支持失败的英雄。幸亏这个世界充满了乐观的人，市场也更多的是上涨而不是下跌，让查诺斯长期以来的投资表现更优秀。

所有的一切都解释了为什么卖空者总是占少数。像很多的少数群体一样，他们被众多做多者和做多的支持者大军中伤和回避——包括华尔街的分析师和公司管理层，最近，就连政府监管人员都时不时地禁止卖空行为。当一名卖空者是孤独的，并且常常感到非常痛苦。一名好的卖空者需要拥有“大胃王”的特质。不过不像国际吃热狗大赛的冠军乔伊·切斯纳特(Joey Chestnut)那样，卖空者在夺冠之前的持股时间可能是几周、几个月，或者是几年。不像大胃王要服用抗酸药，卖空者的药物是额外的研究和正确的头寸规模。

事实上，吉姆·查诺斯成功的最重要的一个方面是：研究——这一过程给予他勇气去坚守空头头寸，即使股票行情和他的预期相悖。

像安然这样的财务做空或是作假,如果投资者继续买入他们认为基本面良好的公司股票,那么该公司的股价不太可能会下跌。从始至终,财务作假都是按照设计好的来的:让投资极具吸引力。安然的肯尼斯·雷织了一张网,网住了投资银行、分析师和投资者,把股价推向更高。投资者——当然还有安然的员工——都被一个童话吸引了,伊索如果写了这个童话一定会很自豪。

就像个人投资者一样,努力的卖空者无法接触到一家公司的管理团队去审查公司情况。公司不会想和这样的人说话:如果公司输,卖空者就赢了。所以查诺斯依靠的是他自己的基本研究能力,包括对他自己和其他卖空者的目标公司的所有金融文件自上而下的审查。举个例子,如果特定领域的每一家公司都拥有15%的营业利润率,那么一家没有特殊产品的公司拥有20%的营业利润率会怎样呢?对那些看涨这家公司股票的人来说,毫无疑问,这是极好的消息。也许这一偏高的利润率是合理的,也许是不合理的,无论如何都值得一探究竟。查诺斯和他的分析师团队会自下而上地、自上而下地调查一番。到这个过程的最后一步,查诺斯会和他的分析师们开会,鼓励他们踊跃发言,给他的投资理由挑刺,而查诺斯也会尝试找到他们的薄弱环节。在确认公司借贷股票的能力之后,他们开始建仓。重要的一点是他们要秘密进行,防止其他基金与他们竞争"借贷"。当尼克斯满仓的时候,他们耐心等待,让其他人看到他们所看到的,去发掘他们已经知晓的,有时与别人分享他们的信息。

有时,就像世界通信公司(WorldCom)和安然,查诺斯锁定了欺诈;而更多的时候,他自上而下地调查一个事件,就像做空中国房地产一样;又或者是一家公司的商业模式有缺陷,基本面恶化,但是市场的股价导致其价值过高。市场弥合差距,查诺斯赚钱。但是并不总是这么美好,前文提到过,在这个过程中他会承受巨大的痛苦。那么在这个行业的大多数人去做多的情况下,查诺斯和其他的空头们是如何坚持他们的事业的呢？

做空股票是非常艰难的买卖，不适合心灵脆弱的人。卖空者要独立，能够承担风险且财力雄厚。做多股票如果犯错，损失是有限的，最不济就是股价跌至零。但是做空股票的损失理论上来说是无限的，因为股价可能不断涨得更高。基于这一点，如果一笔空头头寸和你的预期相悖，它就会成为你投资组合中更大的一部分；如果一笔多头头寸行情不佳，它只会成为你的持股中更小的一部分。

有两种基本的做空：基本面和估值。在安然和房地产开发商的例子中，查诺斯发现他们的投资理由都有缺陷。通过这两个例子，他可以帮助其他投资者了解这些问题，也许可以缩短他从投资中盈利的等待时间。毕竟，他对自己的技术是极为自信的，他很清楚影响投资产品往消极方向发展的因素有哪些。但是，如果做空股票的依据仅仅是估值非常高，价格“非常贵”，那就是有风险的策略了。估值做空另当别论，因为没有确定的影响因素把股价推向更低。

比方说，如果你发现某只股票相对于估值标准，股价已涨到非常高且不会持续的地步。假设这只股票的市盈率一时间涨到了75倍，而标普500市场指数是15倍。当然，这家公司发展得很快，资产负债表良好，但是你认为如此大的估值差异没有理由。你继续调查，但是真的找不到这家公司的任何缺陷，这没关系，因为你相信这家公司最终会犯错，那时人人都会意识到股价实在是过高了。另外，股价能涨到什么程度呢？你决定做空这只股票，然后你开始等待。等啊等，等啊等，股价飙得更高了，即使这只股票的价值与你开始做空时相比更被高估了，但你的损失还是很明显的。但是，就像我之前不止一次地指出的，问题出在：市场不合理的时间会比你有偿付能力的时间更长。在特定的一段时间里，没有确定影响因素的估值做空，往往会导致极大的损失。

在1999年的互联网股票泡沫时期,一位我认识的对冲基金经理做空亚马逊。在当时,亚马逊几乎没有盈利,市盈率几乎无法计算。我这位对冲基金经理朋友找不出这家公司的任何问题。是的,这是一个相对新的概念,分析师对于增长的估计是令人震惊的。但是这位基金经理已经习惯了持有的股票市盈率达到10～20倍,而不是100～200倍。所以他以每股100美元的价格做空该股票,接着是每股125美元,然后是每股150美元。最终,在亏损了上百万美元后,他补仓了,并且学到了很重要的一课:通过估值做空盈利是很难的。

很多人得出的一致结论是:空头股票是对冲基金从业者的堡垒。事实上,这个结论我大致同意。但是,如果你想做空的理由是,你坚信某只股票是被高估的,你可能会考虑两种策略。第一,买入潜在损失仅限于交易成本的看跌期权。第二,等待股票的"崩盘"。股票和市场的峰值和谷值没有确定性和连续性。但是一旦一家公司的基本面恶化,不确定的影响因素变成可见的,股票的上涨趋势也就停止了,股价会开始暴跌。一旦皇帝被发现真的没有穿衣服,他最忠实的属下——也就是股东们——就会纷纷抛弃他们的股票,让股价跌得更低。在这个时候,即使不常见,但最大的风险是另一家公司会收购你做空的公司。

最后的经验总结:做空可能不是投资中最有风险的模式,但它会是损失最大的。这是一门科学,不是一门艺术,在这方面很成功的投资者少之又少。大多数专业的基金经理不做空股票是因为其固有的风险。但是如果你完全独立,是一位不从众的思考者,有足够的资金去做深度调查,并且有很强的风险管理能力,那就去做卖空者吧。

第五章　挖得深，回报多：李・安斯利

李・安斯利想要分享的巨大收获是他非常成功的投资，也就是他的公司：马弗里克资本（Maverick Capital）。这非常合适。马弗里克资本是一家科技公司，科技促使安斯利对股票产生了兴趣。

当时，他 14 岁。

他的学校当时成立了一个投资俱乐部，俱乐部会员想要追踪一些早期的计算机股票。当时正值科莫多宠物、无线电器材公司的 TRS-80（著名的"Trash 80"），还有传奇的苹果Ⅱ时代。很多俱乐部会员是男学生，是自己动手的人，他们孜孜不倦地创新 BASIC 语言（初学者通用符号指令码）的用法，这是计算机编程的第一个易上手的语言。年轻的李・安斯利问他在投资俱乐部的指导老师，他可不可以写一个 BASIC 程序，可以追踪俱乐部感兴趣的股票。老师同意了，安斯利就写了这个程序。从那时起，他就开始追踪股票了。

他一直投资股票，而且取得了令人瞩目的成绩。一开始在知名的老虎基金公司，由他的导师朱利安・罗伯逊指导，然后他于 1993 年创立了对冲基金马弗里克资本，公认的全球顶级基金之一。然而，正是由于成为他所谓的"计算机痴人"，他才发现了并开启了他的职业生涯。

这个职业就是选股——很纯粹，如果不算简单的话，也是绝对经典。在选股的过程中，他把经典的纯粹性体现得淋漓尽致，而且研究得非常深入，这使得安斯利和马弗里克脱颖而出。这位来自南方、说话温柔的绅士善于分析，天性好强，不管是纯粹的选股过程还是深入的研究都与他的性格不符。

培育一个老虎俱乐部

那个有投资俱乐部、很早开始尝试计算机编程的学校是弗吉尼亚主教中学。李·安斯利从弗吉尼亚主教中学毕业后，去了主教高中，这所学校也在弗吉尼亚，因其与历史人物（比如沃尔特·惠特曼）的密切联系、荣誉准则、宗教倾向以及严格的教育而闻名。他不仅是这所学校的学生，还是家庭成员。目前这所学校的艺术中心以他父亲李·S. 安斯利二世[1]的名字命名，在安斯利快上大三时他的父亲成为学校的校长。可以肯定地说，这所学校所代表的品质——严谨的教学目标、高职业标准以及极度的自律——都自然而然地成为年轻的安斯利的特质。

带着这些特质，他去了弗吉尼亚大学，他的主修课程很符合他的分析天赋，他拿到了系统工程理学学士学位。毕业后，他去了毕马威的信息科技总部工作，诠释了对于科技的酷爱。也许因为他是校长的儿子，理解教育的价值，或者可能只是出于对更多知识的渴求（这是他投资风格的特点），但是不管动机是什么，安斯利放弃了他的咨询工作，去了位于教堂山的北卡罗来纳大学凯南商学院读书。

回到南方是安斯利最幸运的选择，因为在北卡罗来纳大学他遇到了朱利安·罗伯逊，这位老师当时是这所大学的董事会成员，后来安斯利发现他也是主教高中的校友。罗伯逊曾是北卡罗来纳大学的本科生，管理过这所大学的捐款一段时间。罗伯逊被公认为对冲基金行业的开创者之一，于 1980 年建立了老虎基金，管理的投资者资产达 800 万美元。到 20

---

〔1〕 李·安斯利一般被称为李·安斯利三世，他的爷爷是李·安斯利，父亲是李·安斯利二世。——译者注

世纪90年代后期，老虎基金管理的资产扩大到220亿美元。[1] 罗伯逊一定注意到了这个名字让他很熟悉的年轻人，因为安斯利毕业之后正在“寻找机会”，罗伯逊就给他打了电话并邀请他去纽约面试。

老虎基金当时还很年轻，被华尔街很多人视为非传统的——甚至是激进的——后起之秀，不是寻找金融行业工作的MBA毕业生的第一选择。毋庸讳言，安斯利可能当时已经有看中的金融机构。“去一家像高盛集团那样的公司！”不止一位密友这样建议。“要给你的简历增光添彩，没有比这更好的经历了。”安斯利听了，但是仍然保持开放的心态，让这些建议左耳进，右耳出。他在一个周三飞到了纽约，周四和周五在老虎基金的办公室实习了两天，之后的一周得到了工作机会。他做决定的过程比他寻求建议容易多了，事实上，对安斯利来说，这就和大学生运动员决定走职业运动员的路一样简单。“没有其他我想做的事了。有人愿意付我工资让我去做我热爱的事。这不是比赛。”因此，李·安斯利成为老虎基金早期的投资从业者，开始了他的职业生涯。他的对冲基金生涯刚开始的时候，他是个通才，但是最终他深耕于科技——他的老本行。

从学徒到熟练工，再到大师

对安斯利来说，在老虎基金的时光相当于学徒期。起初，他与消费者分析师斯蒂芬·曼德尔(Stephen Mandel)共事，斯蒂芬是罗伯逊的另一个门徒，对冲基金巨头——孤松资本(Lone Pine Capital)的创始人。在老虎基金第一年的年末，罗伯逊让安斯利专攻科技领域。当时是1990年，没有多少人对科技公司或是科技股票感兴趣。但是罗伯逊显然了解科技行业的投资潜力，他明确地知道安斯利明白科技的角色。

在年轻的时候担任这样的职位令人激动——安斯利当时26岁——

[1] 客观来看，当时的对冲基金如果管理超过10亿美元的资产就会被认为是非常成功的。当然，现在看来，那些早期的巨大成功微不足道，尚不能解决大多数对冲基金经理的基本工资。事实上，有一些人每年能挣到10亿美元的年薪。

这么早就开始了非常有前途的职业生涯。“缺点就是，”他说，“必须在很多变化很快的公司中积累专业知识，但是优点是我没有先入为主的观念。”他接受了所谓的“老虎思维”的洗礼，即“用最好的管理团队找到最好的业务，用长远的而不是短暂的眼光思考。你可能最终选择了思科(Cisco)或是微软，但这些公司可能更关注的是下一个季度要打败哪些公司，这很难持续地增加价值”。安斯利可能没说，这样做不仅没法盈利还没有效率。按捺不住的交易者总是追求即刻的盈利，因此对冲基金往往被描述得很笼统，这是错误的。但是，老虎基金、马弗里克——事实上，大多数对冲基金——都是反对迅速采取行动的，他们倾向于长远考量。投资反映的是一种因果关系。他们意识到必须尽早开始投资，因为那时机会是最好的；他们也了解需要耐心等待基本面的展开，这些加起来造就了良好的投资表现。

每次选股都要经过朱利安·罗伯逊的审查，一般呈现给他的汇报要花几个月的时间准备。“朱利安是一个学习速度很快的人，”安斯利回忆道，“你说到一半的时候，他会说：‘好的，买吧。’但是如果他不同意，他也会告诉你的。”然而，说服罗伯逊是一项艰巨的任务，需要动用所有能力：严谨的思维、分析能力、研究的广度以及汇报技能(这是安斯利或任何需要推销的人应具备的)。可能没有比安斯利在老虎基金从事的工作能更好地提供关于投资选择和投资组合构建的训练课程了——研究、质询、探索、学习、重新审查，然后信息汇总。终身学习被压缩到了这短暂却美好的三年里(我在所罗门兄弟工作的时候，负责的是处理和老虎基金的日常关系，这种感觉就好像与一个全明星团队共事)。在 1993 年的时候，得克萨斯州的企业家山姆·怀利(Sam Wyly)联系到了安斯利，邀请他接管一个怀利家族出资 3 800 万美元的理财基金，安斯利觉得有些感兴趣。这是一个他过早得到的、在他职业生涯的某个时间点想去做的事情的机会——经营他自己的公司。那年秋天，马弗里克资本成立了。当安斯利管理这个股票组合的时候，前 17 个月，怀利管理着债务头寸。到 1995 年初的时候，马弗里克资本出售了其所有的非股票头寸，让安斯利独自管理投资组合。1997 年，他获得了公司的控股权。

规划马弗里克

安斯利很清楚他在马弗里克追求的成功可能需要他全身心地付出。他承认，当周日下午的时光流逝时，他会坐立不安——“我希望日本能开放市场，这样我们就能继续投资。”如果你管理的一笔投资在寻求最优机会时不受国界和时区的限制，时间就很紧迫了。在全球经济的背景下，金融市场比以往要分散，总有某地市场的开放，总有数据点出现，安斯利和他的同事不敢错过。马弗里克不是一家交易公司，而一直掌握能影响投资组合的信息是合伙人与生俱来的动力。马弗里克追求高回报和保有资本，而先于其他人得到信息是该公司的优势所在。所有这些会花费大量的时间。为了保证这一点，安斯利和他的家人相处的时间异常宝贵，他限制自己的民间活动和慈善活动，只致力于主持罗宾·胡德基金会(Robin Hood Foundation)的董事会，他非常认真地承担这一重任，因为基金会重新定义了纽约市捐赠人扶贫的方式。为了保证和家人相处的时间，他规定了马弗里克的运营模式为团队模式，所以“不会依赖于任何个人”。因此当他工作的时候，他百分之百投入。他太过优秀，唯有如此。

对于马弗里克的成功，其他人固然贡献良多，但是这仍是李·安斯利基于他自己的要求创立的公司。在公司成立之初，他就知道自己想确立的过程和文化。

首先，简约。也就是做只专注于经典股票的基金，其中空头头寸必须是真实的投资，而不只是对冲机制，在作为一个净多头基金的背景下，用每个行业的多头头寸来平衡。靠深入、全面的研究提供竞争优势，平等的、基于团队的文化让一切得以运转。也许建立企业文化是经营公司最令人生畏的任务了，这不是由于对冲基金的本质，而是就所有理财公司来说。通常，投资组合中最大的收益是由反对共识以及找到所有人讨厌或故意忽视的观点产生的。这需要很强的独立性，愿意与众不同，并且当大多数人唱衰你的投资时，公开表明对某只股票的支持。公司如其名，马弗里克崇尚独立。它希望通过团队的努力创造机会，能让常常被忽视的孤独的声音被听见，让独立的思考能被看见。这一理念非常成功，从安斯利获得控股权到 2008 年金融危机，马弗里克的平均年利润率达到 17%。2003 年和 2005 年市场不景气，安斯利寻找了其中的原因，学到了很多。2003 年，低利率影响了公司的空头头寸——一堂关于外部宏观势力的课。2005 年，根据安斯利的分析，困难不在于宏观趋势而是团队文化的衰退。部门团队分裂成了独立的"筒仓"，变得不愿意承担足够的风险。这是安斯利努力去改变的缺陷。2011 年是马弗里克另一个困难之年，同样也是很多顶级基金的困难之年。

投资团队由 6 个行业团队驱动——医疗团队、科技团队、消费者团队、周期团队、零售团队和金融团队——它们都承担全球责任。这 6 个团队的负责人都是行业专家——现任的负责人在各自的领域平均有 20 年的经验——掌握着丰富的行业知识资源以及行业内有影响力人士的人力资源。除了这些行业团队，马弗里克还有定量研究团队、信贷团队、小盘股团队、个人业务团队以及亚洲事务团队。所有的团队都遵循业务的"基本安全选择"原则。正如安斯利所说的："每个业务决定都是基于它如何影响我们给予投资者回报的能力。"

驱动这一简单模型的是安斯利所谓的"同事间合作"。他进一步解释了公司文化："我是公司的合伙人之一，还有很多重要的合伙人。"酬劳来源于"我们如何共同经营公司，所以我们要互相帮助"。

公司结构体现了这一原则。每位部门负责人都有决定权来批准交易，每个投资团队有 3～7 位分析师——每周开会；所有的部门负责人定期开会；还有一个定期的全公司会议。大家一有想法，就可以公开发表意见，公司鼓励每个员工建言献策。这样做是为了形成并保持全局观点，智慧的种子会萌芽并相互启发。

安斯利和部门主管每天都会保持联系，旁听大多数会议，交易部门一天会向他汇报至少两次，他把交易部门称作"公司在市场上的眼和耳"。

对于行业专家目不转睛地盯着电脑屏幕，他说，“这是我最不希望看到的”。毕竟，马弗里克的业务并不是针对市场动作做出反应，而是从下而上地分析基本数据点。不论市场行情是好还是下跌了几个百分点，对于马弗里克的持股投资理由都无关紧要；这只是噪音。但是投资公司不可能与世隔绝，交易部门就是公司给市场以及影响市场的国际事件把脉的那根手指。把市场的最新动态交给交易部门，能让投资专员更专注于长期投资。同时，交易部门能给予安斯利直接的、快到纳秒的实时信息，告诉他市场上发生的事情。每天下班之前，马弗里克团队都会仔细检查公司、行业以及宏观的最新动态并评估每一笔头寸，是否今天像昨天一样合理运用了马弗里克的资本。他们努力地确定安斯利所谓的马弗里克应该投资哪里的“最佳想法”，力求决定应该投资多少资本。安斯利从朱利安·罗伯逊那里学到了：做决定这道选择题要求你在买和卖之间做出选择；没有持有这一选项。选择是每天做出的，不是通过违约就是通过自动选择。意义很清楚：每天股票市场都是开放的，都可以交易你的头寸，而持有一笔头寸就表明你当天会再次购买它。

支持每天的决定的是全面的研究，不仅被市场，也被安斯利认为是马弗里克的核心竞争优势。2006 年他接受麦肯锡的采访时，说过一句很有名的话：“我们的目标是比内部人员更了解我们所投资的公司的每个人。”[1]相信马弗里克能够实现这一目标。

完成研究通常需要几个月的时间，然后开始初步的股票购买，完整头寸的形成还需要几个月的时间。专家会对公开记录进行全面的审查，与公司的潜在客户、管理团队和供应商沟通，倾听华尔街的建议，分析所有信息，测试分析。一旦做出决定，不仅要追踪股票的表现，还要决定所依据的数据的准确性和效率。此外，追踪每一个决定在冷冰冰的业绩表现中是否正确，是一个不断更新和改进马弗里克过程和文化的方法。据说，这一做法始于每个投资专家管理大约 3 笔投资头寸——这一数字显然非

〔1〕 理查德·多布斯(Richard Dobbs)和蒂莫西·凯勒(Timothy Keller)：“对冲基金内幕：采访马弗里克资本的管理合伙人”，《麦肯锡金融》，第 19 期(2006 年春)：第 6～11 页。

常明智，保证了研究的高度专注性。其意义在于，确定一笔头寸之前，必须确定这一新的持股是否最好地利用了公司的资本，这与比任何人都了解所投资公司这一要求相一致。据说，人均持股数量会受到马弗里克程序的限制。

“我们的团队人人平等，”安斯利称，“没有山中之王。”这形成了独特的氛围，正如安斯利所说的：“有许多有天赋的人不喜欢这样一种团队氛围。”然而，喜欢这种氛围的，不会想离开；在高层，人事变动率几乎为零。为了扩充人才，马弗里克招募了很多来自顶级投行、咨询公司和企业的有一定工作经历的员工，形成候选人库。这一筛选过程缩小了候选人群体，候选人随后会接受面试和测试。经过对几轮面试和测试的评估，被挑中的候选人进入通常在早晨 7 点开始的终面。公司为他们提供电脑，请他们进行案例研究，评估后得出结论。“我们可以看出他们的实力如何。”安斯利说道。候选人还要接受公司高层的一系列面试，旨在发掘出候选人“可以为马弗里克的成功贡献什么样的特质”，这些特质被认为对工作至关重要，包括逻辑、理性、情绪稳定以及抗压能力等。如果候选人通过这一系列魔鬼测试，就可以得到两年的签约外加培训。

不出意外，马弗里克会记录每位高管看中的候选人，因此，“几年后，”安斯利说，“我们可以看出谁做了正确选择。”“这是，”安斯利重复道，“改善过程。”

投资高知特的巨大收获：用研究挑战传统智慧

可以肯定地说，在 2000 年，通用电气时任 CEO 杰克·韦尔奇公开发表言论时，人们都关注了。韦尔奇展示了他关于通用的 70－70－70 原则：70％的工艺流程外包；其中的 70％外包给海外；外包给海外中的 70％再外包给印度。一些后来成为马弗里克员工的分析师相信了。2002 年，马弗里克的技术团队在安德鲁·沃福德（Andrew Warford）的领导下，开始转向印度信息技术承包商——高知特（Cognizant）。

卖点很明确：有很多人声称外包可以节省业务流程三分之一的成本，在20世纪90年代后期和21世纪初，经济不振，企业都急于降低成本。然而，传统观点认为这一做法过于夸张，很快将衰落，因为总体上经济在回升。马弗里克的科技团队却持相反观点。他们认为，相比于在本国生产的产品，削减成本的外包试验收获了很好的节约效果，而质量却不会打折扣，因此客户最终会更多进行外包。事实上，沃福德和他的团队认为，初始的、试验性的、不太火爆的外包是长期趋势的开始，而且高知特代表了科技驱动型企业，可以即刻出口，并且通过出口发展壮大。

接着，他们开始验证这一观点。

第一步就是和客户沟通。怎么做到的呢？有点像侦探工作：先打电话，得到线索，调查，得到另一个线索，再继续深入调查。马弗里克的研究员们与占到了高知特一半以上营业额的客户沟通，采访了全世界的首席信息官。他们得到的信息很令人震撼：几乎他们沟通的每一个客户都说他们会在下一年扩大与高知特的业务。"仅仅是这方面业务的增长量，"安斯利称，"就达到了华尔街预测的整个高知特公司的业务增长量"——这是在高知特不增加一个新客户的情况下。安斯利说道："我们还从未见过如此强劲的趋势。"

验证观点的第二步是与竞争对手沟通——主要是印孚瑟斯(Infosys)和威普罗(Wipro)，以及那些声称有稳定的定价而且客户对他们的服务需求很大的经理，这与华尔街担心的存在利润压力情况恰恰相反。调查发现，在任何时候，高知特的营业利润率都维持在20以上，比其竞争对手要低很多。这创造了与竞争者相关的安全边际，并进一步创造了盈利稳定性以及增量投资的空间。

第三步是检查管理。在访问印度时以及与高知特的管理层在美国办公室的会议中，技术团队审查了该公司的财务状况，讨论了其最大化股东价值和应对潜在利润压力的战略。

最后的第四步，沃福德领导的团队与供应商进行沟通——还有新职介绍所和大学——了解员工进入就业市场的需求和展望。

调查证实了他们的观点：高知特在一个即将腾飞的行业中很有发展优势。2003 年 1 月，马弗里克购买了大量高知特的股票，买入价是每股 5 美元不到一点。[1]

把这笔头寸纳入投资组合并不意味着马弗里克分析过程的结束。事实上，安斯利说："尽职调查在接下来四年半我们持股的过程中都会进行。"这种持续的调查在任何时候都很有必要，对于像高知特这种处于像外包这样的新兴行业的新企业来说，想要克服挑战、抓住机遇，尤为如此。即使随着时间的推移，调查会更高效，但安斯利说："调查本身就像修建世界上最大的草坪。"——当你修建完，草已经长得和开始时一样长了，你就得从头再来。

另外，前面提到过，总是会有数据点突然出现。追踪非美国的股票是个特别的挑战，不仅仅要关注公司，还要关注当地法律、变化的规定以及地区的运营环境。其中的一些变化可能是有意义的，所以重要的是当变化第一次出现的时候就有所了解，在投资受到影响之前就要了解。因为投资在境外，所以马弗里克为了掌握信息必须更努力，而头寸的规模庞大，掌握信息尤为重要。

高知特是一家印度公司，股价不稳定，但是从长远来看，基于马弗里克深入的调查和资产的稳定性，这也是可以理解和接受的。峰值和谷值在这笔头寸的风险/回报中都是存在的。

这笔头寸对于马弗里克的投资贡献不如从前的那一天终于来临。有两个基本原因：第一，高知特的增长开始放缓了，这很自然，也在意料之中。第二，其他投资者也认同了马弗里克一开始不受赞同的关于外包的未来的观点。基于实际情况，与其他投资机会相比，这笔头寸不是最好的投资了。在投资领域，和其他领域一样，好的东西总会有结束的一天。因此在 2007 年 6 月，马弗里克出售了高知特的股份，收获了 8 倍的回报，价值"几亿美元"的盈利——无论如何都是一笔巨大收获。

---

[1] 马弗里克没有把其投资组合都集中在高知特上。其所持的高知特股份不到 5%。

附记：当我于2011年写到这里的时候，高知特的股价是当初马弗里克购买时的15倍，又重获马弗里克的关注，而马弗里克又进行了投资。

分析安斯利的巨大收获

马弗里克对高知特的投资能获得如此高的回报，是因为很少有基金有能力且愿意购买高知特的股票，因为这笔投资需要信心。缺乏买家导致高知特的股价高不起来，而如果真如马弗里克的分析所预测的那样，且投资理由成立，高知特的价值就能得到体现。基于这笔股票头寸的公司成功，以及其很多的其他成功，是建立在马弗里克实践出真知的研究过程之上的。而其研究过程依靠的是其分析师对新兴市场所拥有的大量经验和取证分析的专业知识。

经验总结

不管你是散户投资者还是专业投资者，也不管是房地产、债券还是股票投资，要想投资成功都是很难的。但是如果你是受托人，代表其他人进行投资的话，压力会更大。即使是最基本的持股都很耗费精力。现在想象一下，一个很具有吸引力的投资机会在半个世界远的国度。这是一家跨国公司的股票，而这个国家你从未去过也不太了解。你的尽职调查清单上的项目增加了，就好像一群比目鱼围着一只掉入水中的装有鱼饵的篮子转圈一样。这家公司所在的国家有着你从未听过的商业法、你觉得难懂的税收结构，还有令你头大的劳工传统、商业惯例和公司文化。很复杂，但是等等——还有更多。

你对这家公司很感兴趣，因为这是一个相对来说很新的行业，而这家公司有能力赢得世界一流公司的青睐，这也是你投资的重要原因。

对于个人投资者来说，一笔投资可能听上去很吸引人，但是其中的挑战可能是超出你的能力的，并会超过这笔投资的吸引力。持有一家总部在国外的公司的股票会消耗你更多做必要的尽职调查和持续维护的精力。第一，你必须消息足够灵通，能够获取这家国外公司的基础信息。第二，你需要有足够的精力投入你所投资的环境中，追踪所有必要的数据点。第三，你需要依靠当地的资源，包括律师和会计，他们的薪资高昂，但会帮助你熟悉当地的法律和惯例。研究工作不会在建仓后立即停止，只要股票一天不被出售，研究工作就不会停止。虽然研究工作是马弗里克力所能及的，但对大多数个人投资者来说，还是有心无力。

即使高知特的客户群体是《财富》世界500强里的美国顶级公司，研究的重心还是高知特本身。非常多的尽职调查可以在任何地方通过审查高知特必须提交给美国证券交易委员会的以及满足纽交所股票上市要求的财务报告完成[1]，还有通过电话——比如采访高知特的客户。但是，要想仔细考察，确保公司总部真的存在，就得与众多经理见面并与他们讨论公司战略，同时观察他们的言行、对数字的掌握程度和他们的自信心，只有通过实地考察才能实现。马弗里克到印度实地考察了很多次，才对高知特的管理层和他们的运营能力比较放心。

对于大多数个人投资者来说，仅仅是一趟出国考察的成本就可能比任何一只股票的风险资本要高。对于很多专业投资者来说，一趟亚洲行程所耗费的时间和所有成本会使这笔投资失去吸引力。事实上，一笔海外投资所需要的资源只掌握在少数人手中。马弗里克当然是其中之一，该公司有基础设施、资金以及成功所必需的恒心。

但是尽管美国不乏具有吸引力的投资机会，投资者仍经常想通过把投资拓展到国外来增加潜在的机会。这其中有很好的理由：新兴市场投资的特点是增长更快，这可以带来更高的回报；而缺点是由于这些公司相对来说不成熟，往往风险也会更高。这个等式中有一个奇怪的元素：更大的波动率。这也是一旦建仓，很少有投资者能接受的。

散户投资者寻求新兴市场投资，可以购买共同基金，富裕的投资者还可以选择投资对冲基金。但是在进行任何直接投资之前，如果你在尽职调查方面偷懒的话，风险会更高——不建议这样做。诚然，很多成功的投资在尽职调查方面做得不够完善，但是这样一种策略更多靠的是运气而非技巧。马弗里克对高知特的投资证明，这种策略只有反过来才行得通，也就是说，依靠技巧而非运气，尽管有点好运也没什么不好的。

这就是本章的经验总结。对新兴市场的直接投资应该基于经验，现场的和基于其他调查的尽职调查，以及专家的取证分析。总之，学习马弗里克的做法就行了。

当然，拥有专业知识的不止马弗里克一个，自马弗里克对印度公司投资之后，全球投资变得更受欢迎了，催生了大量专注于新兴市场的基金。个人投资者在投资新兴市场时，应该检查所投资的基金的资质。基金的客户服务团队通常很乐意向潜在投资者介绍整个过程。但是，如果投资者并没有得到它们的相关信息，并且对于它们的方法并不满意，就不要投资了。

〔1〕关于这一点的细节将会在后续的补充内容中讨论。美国证券交易委员会的一些报告要求是依据股票交易所在的交易所的，纳斯达克和纽交所比“粉单”交易市场有更高的要求。

新兴市场——不适合不愿意努力的投资者

想象一下你正在六旗乐园的过山车附近，不是那种常规的一圈又一圈的过山车，而是非常刺激的那种，当你经过那些惊险的轨道时，你会尖叫的那种，当你的孩子拽着你的手臂说“拜托，没什么可怕的。我只是个小孩子，我都不怕”时，你抬头看了一眼，说“不行”的那种。很不情愿地、缓慢地向前挪动，以此来克服你的恐惧。排队等候的时候，你默默祈祷，一颗颗汗珠从你的额头冒出，你踮起脚尖往下看排在你前面的刚刚坐上过山车的人，他们消失在你的视线里，过了第一个陡峭的弯。你退缩了，坚信过山车一定会冲出轨道。最终轮到你了，你权衡着过山车可能出轨的风险和与你的孩子共同创造回忆，那个勇敢的、一无所知的、站在你身边的小孩子。你们开始滑行了，当你们开始第一个俯冲，那个你确信通向必死的俯冲时，你开始胡思乱想，你的指关节发白，因为你的手紧紧抓住你胸前的安全杠，这是防止你发生意外的唯一设备。克服了恐惧，你感到洋洋得意；然后是另一个爬升，这次是直冲而上，你又无比担心了；接下来是一个更陡、更突然的下降，你的胃也开始翻江倒海。

欢迎来到新兴市场。系紧安全带——这里的过山车非常疯狂。新兴市场的波动以及其对新兴市场的股票造成的影响就是现实。也许波动不再是新兴市场所独有的，因为每日指数震荡是所有股票市场都会发生的，即使是像美国、日本以及部分欧洲发达国家也不例外。但是，发达国家的公司股票行情一定程度上还是令人欣慰的。不过，即使是一家总部在美国的公司，如果所有的运营都在欠发达国家和管理不到位的市场，也不足以减轻当地的影响。引起新兴市场波动的，不仅仅是超高速增长的可能性和往往紧随其后的暴跌，还有往往能控制市场情绪的传染效应，不管结果是好是坏。这些国家的资本市场被视为缺乏透明，往往伴随着不信任，所以市场一旦发出疲软的信号，交易者就急忙逃走。幸运的是,当这些国家的政府意识到需要资金流的进入来驱动产业和增长时,他们会增加对市场的控制。但是,要让投资者完全对市场满意,还有很长的路要走。

虽然与西方发达国家相比,新兴市场的风险总是存在于可能比西方发达国家更狂野的环境中,但收益的机会也常常处于乍一看不透明的环境中。高知特是一家印度公司,印度市场并没有监管和公司治理标准方面的优势,但是这为那些愿意抛开成见、做足尽职调查的人提供了机会,即使很少有投资者有充分的资源去做尽职调查。但是,一旦像马弗里克那样以严谨的调查过程闻名的公司购买了股票,其他投资者也会效仿(追随任何人购买股票都是危险的;详见第二章:金钱溯源:鲸鱼观赏的丑恶现实)。一旦人们意识到高知特的业务伙伴都是《财富》世界 500 强公司,他们就会更加欣慰,也会把对印度的怀疑搁置一旁。[1]但是,如果情况恰恰相反呢?如果一家公司总部位于美国,而全部的运营都在快速发展的新兴市场呢?这不是最好的结合吗?会有人这样想。但是,不幸的是,市场不会去偏爱谁,还是会产生广泛的怀疑和不确定性。举个国家信息基础设施控股公司(NII Holdings)(OTC 代码:NIHD)的例子。我断断续续持有 NII 的股票很多年,迫不及待地想要证明。

NII[2]是一家总部位于弗吉尼亚州雷斯顿的移动通信服务公司,专门做拉美市场,包括巴西、秘鲁、墨西哥、智利和阿根廷。最初 NII 是 Nextel 通信公司的子公司,1997 年独立,客户群体全都是企业客户。客户流失率非常低,比大多数美国公司要好。和典型的移动通信服务公司一样,在建设和升级网络的过程中,NII 的资产负债表上有很大一笔负债(即使是可控的),但是也有很大一笔现金。该公司在美国和拉美地区拥有 1.4 万名员工,以及将近 1 000 万的用户,无怪乎它是《财富》世界 500 强公司。另外,NII 在《巴伦周刊》(*Barron's*)美国公司收益 500 强中排名第 197 位,收益将近 70 亿美元,市值约为 40 亿美元。该公司的盈利和 EBITDA[3] 增长率多年来都维持在 25%左右。该公司受到 20 多家经纪公司的关注,不能算是不知名的企业了。

了解情况了吗? NII 是一家很棒的公司。强大、稳健的管理,EBITDA 估值不高,美资企业,在一些世界上发展最快的新兴市场(包括巴西)运营。那究竟是为什么,在写到这里的时候,NII 的股票在去年下跌了将近一半? 该公司的增长速度远超大多数公司,尤其是那些市值达到 40 亿美元或更高的公司。比较而言,Sprint 公司(纳斯达克股票代码:S)资产负债表上的现金负债更大,在成熟市场有着更为强劲的对手,比如 AT&T 和 Verizon,增长非常缓慢,亏损,但是市场估值更高。

怎么回事呢? Sprint 也是美国公司,所有的业务都在美国。投资者不用担心国外的税法和商业规定,没有信息甚少或不知道公司名字怎么发音的竞争者,所有关注 Sprint 的重要分析师都在美国,基金经理接触 Sprint 也很容易。虽然很多分析师都会调查 NII,但是他们中的大部分关注的是拉美的股票,而且与关注 Sprint 公司的投资者语言不通。除此以外,还有其他障碍。

似乎对我来说,NII 是拉美市场和美国市场的继子。当美国市场反弹时,NII 的交易价格会更低,这是因为其两个最大的市场——巴西和墨西哥市场——发生的事件或谣言。我总是担心在拉美的分析师和交易者在信息的获取方面占优势。事实上就是如此,即使一些信息是非常基本的,甚至看西班牙语的报纸就可以获得。

综上所述,NII 就是我的过山车,让我的胃翻江倒海得厉害,总是感觉自己是最后一个知道情况的。实际上,就是如此。我曾定期去该公司考察,看一看业务发展得怎么样,还和一些关注该公司股票的分析师交流,但是我常常发现他们的信息滞后于当地市场。NII 对于他们来说似乎不是最优投资。甚至该公司的代表偶尔都会和我透露他们对于信息脱节也很沮丧。他们希望能有更多的美国分析师关注他们的股票，但是他们承认与 AT&T、Verizon 和 Sprint 的股票相比，他们的股票更花时间和精力，这是他们的客户关心的一个问题。美国的分析师感觉与西班牙语流利的分析师和 NII 业务所在地区的分析师相比，确实是没有优势。这不是因为在弗吉尼亚州雷斯顿的管理层的母语是西班牙语[4]；而是因为 NII 的竞争者是以西班牙语为母语的，而且负责无线许可的管理者也是以西班牙语为母语的。他们在不同的时区运营，新闻爆出时，交易日已成定局，而纽约的分析师还在睡觉。

新兴市场还有一个问题不应该被忽视——新闻爆出后，股票交易会产生反应，而我们中的大部分人还在睡觉。躺在床上赚钱不是什么正常活动，但是这是新兴市场投资者的情况。不过，这也可能是一次亏钱的经历。诚然，在纽交所经常会有这种无助感，因为大多数公司等到交易关闭再放出新闻，这会引起它们股价的大动作，不好意思，我偏题了。但是，这是每一个新兴市场投资者都应该了解的情况，因为它增加了股票的波动性，并且也可能逐渐提高风险指数。

关键在于，我持股了很长时间，我的经历比很多人要好。我发现虽然投资新兴市场公司的股票会让人分心，时常令人沮丧，但是其他时候非常值得。我准备好去做必要的、持续的尽职调查，去调查谣言背后的真相——如果有真相的话——每日股价很大的波动会让我直面现实，继续自信地持股。但是你得问一问你自己：我能做到吗？

假设 NII 是个特别的例子。事实上它不是，但是让我们假设它既不是美国公司，也不是一次真正的新兴市场持股。让我们关注一家新兴市场的公司，其股票也在美国交易。当然，高知特是这样的一个例子，但是如果一家公司不如高知特这么大，或是没有全明星客户呢？有些投资者认为，购买外国公司在纽交所或是纳斯达克上市的股票和购买一家总部在美国的公司的股票是一样的。这绝对是错误的。诚然,美国证券交易委员会(SEC)要求国外公司在提交大量财务信息之后才能在主要的交易所上市,但是不要把这一点错当成质量许可证。对于像NII这样的美国公司的透明度要求更高。更重要的是,在OTC市场[5],对于国外公司在粉单市场[6]交易的报告要求正在放宽。然而这些基本的报告要求确实清除了一些很明显的诈骗,SEC和交易所不会对任何公司做是否适合投资的尽职调查,也没有时间和义务去审计这些公司的报告。

假设你已经清楚了新兴市场投资的艰难困苦,那现在要搞清楚为什么投资组合要涉及新兴市场,以及如何进入新兴市场。投资新兴市场的原因很简单:更快的增长可以带来高回报。根据定义,新兴市场正在经历一个资本和营商环境发生积极变化的过程,这将会带来比发达国家更强劲的经济增长。这些除了中国以外的发展迅速的经济体发展的基础较小,而中国的经济规模已经很庞大了,但是人均生产力的上升空间还很大。这一时期相对来说更强劲的增长将会带来更高的市场回报。如何投资新兴市场呢?对我来说,似乎最有效且风险合适的方法是投资新兴市场的基金。这些基金的投资组合经理在这些市场很有经验,而且可以调动资源去做必要的尽职调查。很少有个人投资者能像马弗里克这样有足够的资金去投资对冲基金,但是有很多新兴市场共同基金的最低购买金额都很低,适合普通投资者。这些基金的优势就是持股可以分布在很多地区。当然,如果你倾向于一个特定地区,并不会有让你的风险集中的基金短缺问题,你可以把持股分布在不同的业务和行业。

但是如果你仍然坚持自己的想法去投资,也有办法通过像百胜餐饮集团(Yum! Brands,纽交所股票代码:YUM)这样的公司,以低波动率玩转新兴市场。百胜是一个休闲餐饮集团,在中国和印度发展了越来越多的业务。或者你可以把一家石油公司的股票纳入你的投资组合,随着经济增长的加速,全球大宗商品投资和能源使用量增加会有利于你的投资。当然了，真正的风险最终还是取决于具体的股票。

〔1〕我认为，基于客户群体，高知特并不是纯粹的新兴市场成长案例。在某些情况下，和美国公司在估值方面的对比会使人考虑到这是家海外公司而放宽条件。

〔2〕仅作解释用途：这不是购买 NII 股票的建议。

〔3〕EBITDA 指息税折旧及摊销前利润。EBITDA 是营运现金流的指标。EBIT 是息税前利润，是一个受到特定投资者青睐的估值标准和现金流指标。这些都会在关于查克·罗伊斯的第六章中讨论。

〔4〕在 NII 有业务的国家，都是采用当地的管理架构，包括一位运营总监。这在那些商业和立法团体紧密联系的国家尤为重要。

〔5〕美国《证券法》规定 12g3-2(b)。这条规定豁免了外国私人发行者的特定报告要求，目的是为美国资本市场移除“不必要的障碍”。这一规定提供了特定报告的电子版本，让普通投资者更容易获得信息。

〔6〕公司在粉单市场交易如果不是因为它们规模太小，无法达到国家交易所上市的最低要求，就是不想提供 SEC 要求的财务披露。这个名字的由来是公司一开始上市时，消息是公开在一张粉色的纸上的。这些公司的证券更容易被操纵，而且往往是“便士”股——常常股价低于 1 美元的小盘股。

第六章　小盘股，大盈利：查克·罗伊斯

还记得那个从6岁起就知道长大后要做什么，并且长大后，做了自己想做的事情的孩子吗？没有在青春期对于未来的焦虑，没有大四时期关于下一步打算的闲谈，没有怀疑或是偏离轨道。他人生想做的事情，以及他想成为的人，从他开始对外部世界有意识时起就很明确了，这种笃定带给他一种自信的宁静，是我们当中的大多数人不具备的。

查克·罗伊斯拥有这份宁静，很显然不仅仅是由于他巨大的成功和毋庸置疑的财富，还由于他做的都是自己一直想去做的事，没有一刻是在等待或者做其他的事情，他现在还每天带着喜好和活力开心地做着。当然，罗伊斯做的就是选股的工作。他从20世纪50年代起就在做这件事了，而且他做得非常好。他的特点是在小股本股票市场做得非常好——为了简单明了，称为小盘股。关于小盘股的陈词滥调是：风险太大，面对欺诈行为太脆弱，质量不行，是专注于增长的股票，不会跑赢那些市值更高的公司股票。罗伊斯揭穿了所有这些谎言。今天，他是罗伊斯联合公司（Royce & Associates）的总裁兼联合首席投资官，收获了令人羡慕的股票表现，打破了对于小盘股的成见，也获得了传奇的地位，尤其是考虑到他的企业的规模，更是如此。罗伊斯基金（Royce Funds）包括20多个共同基金，管理的总资产达400亿美元，而这些全都被配置到小盘股的投资上了。

见到罗伊斯本人时，他的外貌掩饰了一位管理知名企业的人士的成就。在他的办公室里要脱鞋，这里是他喜欢做研究的地方，他松了领结，非常低调且热情；这里没有传奇投资人的咆哮，没有任何迹象表明这个人曾向传统投资观念发起挑战并且赢了。罗伊斯也没有踏上一条征服之路。他在投资世界的出现比这有着更浪漫的开始。

故事的开始，他是一个在马里兰州长大的高中生。一天，他正在学校图书馆里浏览参考文献的书架，偶然发现一本绿色的大活页夹，里面是每周的《价值线》(*Value Line*)投资调查，这是几乎每个图书馆和经纪公司都会订阅的期刊。他翻阅着活页夹，用他的话来说，就是它了。"我爱上了股票的理念。"股票，在当时甚至是现在，就像对冲基金经理和摇滚巨星争夺关注度一样，是一个青年男孩能寄托美好向往且不同寻常的事物，但是热爱往往扎根于机缘巧合。

罗伊斯自己不知道为何这一电闪雷鸣般的热情击中了他。他的父亲是华盛顿州的公务员，他的母亲是一名教师；怎么也想不到的是，他们都不是做市场的，投资也不是罗伊斯家餐桌上的共同话题。罗伊斯依稀记得自己很疑惑为什么他的祖父从未工作过，他回想起有一年的感恩节晚餐，他从祖父的家中逃出来，在他本不应该去的地方乱翻，偶然发现一个装着看起来很好笑的纸的盒子，后来他才意识到那是股票凭证。但是股票投资不是他与生俱来的本事，除非有人利用孟德尔的隐性基因遗传理论[1]来解释一下为什么年轻的罗伊斯对于股票的兴趣遗传自他的祖父。但是，鉴于没有基因测试能证明他的选股能力是遗传的，那么图书馆里那次击中他的电闪雷鸣，就像每一次的坠入爱河，没有理由且深刻。

这还激发了罗伊斯的行动力。年轻的罗伊斯把"对股票的想法"变为了现实——他真的买了股票：Syntex。这是《价值线》推荐的热门股票，第一家生产避孕药的公司，目的是改变行为、变革文化。这是第一次也很可能是最后一次罗伊斯把他的钱投到高价股票。

---

〔1〕 格雷戈·孟德尔是19世纪的一位奥地利籍科学家和修道士，基因科学的奠基人。他认为特定的基因性状可以隔代遗传。

赚购买股票的钱的方式很平常——做送报员,做夏季施工工作,打零工。“我总是金钱自由。”罗伊斯说,这样你就可以摒弃贪婪,或自卑综合征,还有一开始引起他对股票的兴趣的征服欲。相反,“我与生俱来地热爱思考这个过程,”罗伊斯说,“热爱计算赔率。”很显然,他在很早的时候就明白,大多数投资者多年来要解决的问题是什么;选股实际上是一个过程,而不是突发奇想,不是追求时尚的结果,或是倾听推销。

在布朗大学,他一开始被录取的是工程专业,这也是他的班级中优秀同学们的标准选择,然后他转修经济学——“这似乎更容易些。”为了思考选股的过程,罗伊斯还关注了赛马的同注分彩,经常去察看当地的两条赛道,但是现在已经不再使用了。“在参加了几次比赛之后,你可以免费走进赛道。”罗伊斯回忆道。他召集了他的兄弟们,说服他们把钱聚集起来,然后计算赔率、下注。“这是一个很棒的度过下午的方式,”罗伊斯说,“而且我认为我们做得很好。”赌马也直接让罗伊斯了解了风险评估和管理的精算系统;知道了学习的时间——有关能否赌赢以及赢的程度如何——是一匹纯血统马跑四分之三英里所用的时间。一点儿也不长。

罗伊斯的经济知识学习绝对补充了他的实践经验,但是作为布朗大学现任的研究会成员,他最爱这所大学的一点在于,那里的“学术讨论氛围”。虽然今天他钻研的都是研究的细节,但在他上大学的时候,做学术可不是他的特长。除了赛马场,大学生活也有课外活动。像很多20世纪50年代末期的年轻人一样,罗伊斯完成了刚进入大学后他就参与的后备军官训练团(ROTC)项目——他是一名海军预备役军人。这个项目为时一个暑假,他在弗吉尼亚州的Quantico海军基地受训,有两个暑假用来做施工工作,一个暑假用来上暑期学校(这是为了达到课程要求)。毕业很快就要来临了,是时候离开学校开始接下来的人生了。

“在那个时候,每个人都去上商学院。”罗伊斯说,由于他想去纽约城,他和一帮朋友决定报名读哥伦比亚大学商学院,这所学校以优秀的投资教学著称,多年来造就了很多传奇投资人,包括马里奥·加贝利(Mario Gabelli)和李·库珀曼(Lee Cooperman)。在那里,他终于让自己沉浸于金融和投资的学习中。“这就是我想要做的。”他说，这呼应了孩童时期他浏览《价值线》时感受到的召唤，而且他“就在这条路上一直走下去”，没有停留，没有偏离，没有暑假实习，也没有任何的不确定。“你想做一件事，并且一直坚持下去的时候，就会有所不同。”罗伊斯说道，当他毕业后取得了 MBA 文凭之后，他一定感觉到他真的在这条路上。

在不是很快的赛道上

但是当罗伊斯从商学院毕业后找工作时，他发现他的路被堵了。当时是 20 世纪 60 年代早期，银行正处于优势地位。当时最优秀、最聪明的人都想进银行——具体来说，是想加入最梦寐以求的超级精英信贷培训项目，这是为那些最优秀的新员工提供的。更具体来说，是当时纽约乃至全球最负盛名的金融机构——大通曼哈顿银行(Chase Manhattan Bank)提供的培训项目。

不幸的是，大通曼哈顿银行的培训项目没有录取罗伊斯，其他任何银行的培训项目也没有，但是他令人敬佩的决心指引着他前行。大通曼哈顿银行是一家大公司，有很多方式可以获得其入门岗位，比如说，进入广受好评的研究部门。可是他再一次被拒绝了。这第二次尝试不会是他的最后一次尝试，因为恒心是成功投资人共同且必要的特质。这一点尤为正确，尤其当你做的是小盘股，因为信息不如更大的、更出名的、被经纪公司的分析师们广泛关注的公司股票来得全。罗伊斯最终在大通曼哈顿银行找到了一份分析师的工作，工作内容是追踪投资人遗忘的股息。这个工作在有些人看来实际上是微不足道的，但是至少罗伊斯进入了大通曼哈顿银行并且最终成为研究部的一名初级分析师。

这就是乐趣开始的时候。在当时，用罗伊斯的话来说，“大通曼哈顿银行是投资世界的中心”，而他处在大通曼哈顿银行的中心，会见不同的人，探索投资的很多方面，审查和评估公司及其股票。作为一名初级分析师，他就像一个站在糖果店里的孩子，屈服于大脑想要漫游的欲望，到处探索他认为值得调查的地方，至少在他的上司——一位高级效用分析师——强烈建议他坚持专心研究他被分配的效用股票之前，都是如此。老实说，做效用股票研究常常很无聊，因为几乎不能出错，而判断必须超出预期地正确。由于效用股票受很少变化的高股息支付影响，交易的价格通常维持在一个很窄的价格区间。效用股票的这种完全可靠性，让罗伊斯的研究缺少了兴奋感，而一开始把他吸引到投资过程的学术好奇也无法得到满足。也要感谢他上司的建议，罗伊斯得出了一个结论：比起做一个效用分析师，他更是一个通才，也许他在一家小点儿的公司会更开心，因为在那里会接触到其他方面。

在 20 世纪 60 年代的时候，距离佣金率跌至每股几美分，给利润率施压、致使华尔街公司数量减少的更严格的监管，还有 40 多年之久。当时经纪公司还仍然是处于增长的行业，新公司层出不穷。事实上，有成百上千的小公司等着罗伊斯去探索自己喜欢的职位。他最终去了 Blair & Co.，Granberry Marache，这是一家有少量分支机构、投资前景相当平常的经纪行，一家典型的白鞋公司。罗伊斯被一位有丰富经验的投资研究专家雇用，职位是分析师，他有机会去做“方方面面都涉及一点的事情”，而且他“真的见识到了经纪公司是如何运作的”。罗伊斯回忆起他在这份工作中学到的宝贵一课：“这是一家所有人都随着公司的繁荣或起或落的公司。”事实上，他所学到的会对他还没有想象过的未来尤为有益，未来他自己创立了一家很重要的公司。

1968 年，罗伊斯被一家更小的公司吸引了——Scheinman Hochstin & Trotta，他在这家公司担任研究主管。他现在说道：“这太不可思议了，我当时才 29 岁。”查克·罗伊斯太谦虚了。毕竟，华尔街一直都以精英主义闻名，年龄不会定义一个人的价值，也不会成为进步的障碍或是保证。事实上，在罗伊斯短暂的分析师生涯中，这家公司还把他塑造成了一位经纪人。这就意味着他不仅有研究任务还要服务客户，这是今天的管理和商业做法永远都不会有的。然而，在被称作“迅速发展的十年”的 20 世纪 60 年代，监管人员和监管措施在数量上都更少。当时，滥用可能不那么明显，必要的改革还没有具体落实；选举出的官员还没有看到搞臭华尔街的政治和经济好处。罗伊斯的第一个任务是小盘股，虽然在当时，如罗伊斯所说："还没有这个分类。小盘股只是更激进的一种投资方式。"它曾经是，而且现在也是成千上万家公司参与的庞大平台，用罗伊斯的话来说，一个"一片绿"的平台，一直很受欢迎，不断有新成员加入——首次公开发行和脱离大公司的小公司（不是因为它们与大公司的规划合不来，就是出于种种其他原因）。小盘股不管是在当时还是现在，感觉都像是一个投资世界版本的露天市场；它们有多种形式、方面，而且像一个异域的市场一样多姿多彩。这就是罗伊斯作为一名研究者和选股者成长起来的平台，也正是在这个平台，使他理解了哪些公司的股票会有更小的波动。

罗伊斯认为共同基金是"一个迷人的买卖"，所以在 Scheinman 工作的那段时间，他和一位童年时期的伙伴购买了一个突然"可供购买的"共同基金。他想着，如果其他人管理共同基金能成功，那么他和他的伙伴也可以。

这是一个没有实际资产，也没有实际持续经营业务的空壳。罗伊斯的共同基金只有在证券交易委员会的注册，管理的资产价值不到 50 万美元，外加一份管理合同。这个基金起初由一对英国的双胞胎创立，而在他们如日中天的时候，他们在宾夕法尼亚州买了一栋乡间别墅，所以有了这个名字：宾夕法尼亚共同基金。罗伊斯和他的伙伴决定保留这个名字，因为它"听起来对他们很重要"。由于当时罗伊斯还在 Scheinman 负责研究工作，因此他只是这个共同基金的出面人，他的头衔是董事会主席，而日常运营的工作就交给了他的伙伴。

时间很快到了 20 世纪 60 年代末期，首批免佣基金[1]的时代，这就吸引了更多的投资者进入这个行业。受到这一资本激增的助力，宾夕法尼亚共同基金做得非常好。在两年的时间内，其资产价值从一开始的微乎其微涨到了 1 亿美元左右——在 21 世纪相当于 10 亿美元甚至更多。而

[1] 免佣基金的投资者不需要承担佣金或是销售费用，因为基金不经中间人之手，由基金经理直接发售。

到了 20 世纪 70 年代初期，随着美国经济衰退、公司盈利受损、整体市场走低，宾夕法尼亚共同基金的表现也有所恶化。更糟糕的是，罗伊斯的合作伙伴对市场衰退灰心丧气，渐渐地退出了日常运营。同时，Scheinman 和一家现在已经不存在的经纪公司——Weis，Voisin & Co. 合并了。

罗伊斯很纠结，因为稳定的收入，他不想放弃 Scheinman 的工作，但是这就意味着他几乎没有时间去管理他的基金，而他的基金因为熊市和他的伙伴的退出，每天都在挣扎。所以剩下罗伊斯独自一人去应对他的"第二十二条军规"(Catch-22)[1]。这正是考验罗伊斯曾经的假设："如果其他人做共同基金能成功，那么我们也能"的时候，也是这个假设最无力的时候，但是罗伊斯无能为力，因为他不能放弃全职工作，他认为这份工作能给予他安全感。令人难以置信的是，罗伊斯从这个困境中得救了，情节之曲折，连约瑟夫·海勒都会惊叹不已——一场商业灾难提供了意想不到的机会。

熊市造成投资者在股市中丧失了金钱和自信，受害者数不胜数。20 世纪 70 年代，Weis，Voisin & Co. 也和很多其他公司一样倒闭了。1972 年，罗伊斯已经没有了全职工作，于是正式接手了宾夕法尼亚共同基金。

他坦言，那是他人生中一段很有压力的时光。市场不景气，基金也是如此。罗伊斯当时结婚了，孩子尚小，还"没有收入"。他开始为当时的商业杂志鼻祖——《金融世界》(*Financial World*)写专栏，这是他仅有的收入来源。

而事情变得更糟。独自经营宾夕法尼亚共同基金，"让我快速地失去了剩下的"，罗伊斯说，"1973 年 40%，1974 年再 40%"，两年的时间对于股市来说是很大的打击。经济衰退、通胀、尼克松——全齐了。因此，在 1974 年 9 月的董事会会议上，董事们都有很强的预感：也许是时候收拾收拾宾夕法尼亚共同基金，清算剩下的资产了。罗伊斯利用他所有的说服技巧，恳求其他董事再考虑一下。他成功了，基金继续运营。他又有了一

[1] 来源于美国作家约瑟夫·海勒创作的长篇小说《第二十二条军规》。意为本身就有问题、不符合逻辑而难以实现的规则或者进退两难的境地。——译者注

次机会。

1974 年末，股市跌至谷底。接着，从 1975 年元旦开始，股市开始回温。罗伊斯的基金也开始向好，而且比股市还要好。事实上，超出股市 125%。这一表现非常了不起，也抵消了之前的不景气。从理论上和现实来说，小盘股在股市整体不振时期，表现都不如股市，而在股市情况好的时候，表现要超过股市——更高风险，更高回报，这也是对小盘股投资组合经理的一种考验。罗伊斯展示了他的勇气，也消除了别人可能有的怀疑：到底是巧合还是个人能力。在投资的世界里，起起伏伏是常有的，罗伊斯的基金自那之后表现一直良好。

罗伊斯从这件事中得到的经验是非常关键的。对 1973～1974 年这段时间，他坦率地说，“是非常残酷的”，标准普尔 500 指数损失了近一半的价值。他的生计，他要终其一生去做自己所热爱的、有热情的事情的梦想，被破坏了，而且几乎失去了。其中很明确的是：查克·罗伊斯明白他“需要纠正方法去减轻风险”。当然他一直都很相信“如果你失去了 50%，那么你需要去弥补 100%”；也就是说，如果一开始你有 100 美元并且损失了一半，那现在你需要让剩余的资本翻倍，这样才能弥补。即使投资环境很好，这样的目标也是很令人望而生畏的。1973 年和 1974 年的事件教会他的，就像很多人生教训一样，是从书籍上无法学到的实践知识：“只有你体验过了，你才能完全掌握。”他体验过了，现在他掌握了，这成为他所谓的“我的投资风格的关键”——不要亏损，风控是最重要的。

收获价值

“小盘股的世界如此之大，你可以在里面做你想做的任何事，”查克·罗伊斯称，“你可以不顾陈词滥调，你可以用你喜欢的方式给投资类别再细分，剔除不适合的，并降低波动率。通常人们都认为小盘股总是在成长，量非常大。但是现实中的小盘股有各种各样的，也有很多细微差别。”

分析资产负债表是罗伊斯研究过程的重中之重，要求准确性。矛盾的是,对于"小盘股",没有准确的定义。罗伊斯认为,有很多不同的小盘股指数,包括价值型和成长型,每个都是单独的指数,也有价值型和成长型合并的情况。[1] 像罗伊斯这样的投资组合经理也可以从众多指数中选择用哪一个标准[2],包括标准普尔小盘股 600(Standard & Poor's SmallCap 600)以及标准普尔小盘股 600 成长型和价值型(Standard & Poor's SmallCap 600 Growth and Value)。罗素投资公司(Russell Investments)是罗素指数的编制公司,也是标准普尔的竞争对手,其众多小盘股的标准被使用得更广泛。比如,罗素 2000 小盘股指数(Russell 2000 Small Cap)中的市值中位数是 4.75 亿美元,而最高的市值达 37 亿美元,最低的为 1 亿多美元。[3] 而标准普尔小盘股 600 中包括的小盘股市值低至 3 000 万美元。[4] 罗伊斯追求一个更大的范围,把小盘股的市值扩大到 50 亿美元,他提到他的基金甚至可能投资市值达 150 亿美元的公司,虽然这不是很常见。

我们把罗伊斯视为小盘股投资的开创者之一,他在解释自己的策略时,有很多很好的观点。可以说,由于很多偏见和忽视,小盘股成为受害者。人们通常把小盘股同高成长、势头很猛的股票联系在一起,而且认为交易量导致其不易变现。但是一家公司的市值和其盈利增长的轨迹之间没有固定的关系。小公司可以遵循大公司的成长路线。但是,我们很难找到一家小市值公司能拥有和苹果公司(Apple Inc.)(写到这里的时候,苹果公司是全球市值最大的公司)一样的长期高成长。小公司直接模仿,也不会带来大公司那样的股票前景。然而,有些人认为买入卖出小公司的股票头寸可能需要更大的信心,取决于股票的数量或平均每天交易的数额,这话不错。数额更重要,因为这是风险资本的真实反映。罗伊斯在

[1] 除了提供不同的市值参数从而将公司纳入编制的小盘股指数中(比如标准普尔和罗素),总体市场平均水平的重要变动也会提高或降低标准,确保能把合适的股票都囊括进来。

[2] 通常被称作"基准",基金经理被评判的标准是基于与他们投资风格相似的特定指数,以得出他们的投资表现如何。

[3] www.russell.com/indexes/tools-resources/reconstitution/us-capitalization-ranges.asp. 2011 年 10 月的数据。

[4] www.standardandpoors.com/indices/sp-smallcap-600/en/us/?indexId=spusa-600-usduf-p-us-s-. 2011 年 12 月的数据。

这个大而复杂的世界里引入了一块磨刀石，把这个世界磨砺得具有低波动率和高价值。“价值”这个词不是罗伊斯特别喜欢的。罗伊斯坦言，在投资的世界里，“价值”这个词已经变成陈词滥调，被过度使用，失去了真正的意义。在更宽泛一些的世界里，这仍然意味着持有某个东西的价值或重要性。而不管是在更宽泛的世界里，还是在小盘股投资的世界里，不管查诺斯喜不喜欢这个词，当他看到价值，他就会知道价值。

对于一笔投资的潜在价值，旁观者可能有失偏颇。当罗得岛的海洋之屋[即坐落在沃奇山（Watch Hill）山崖上的镀金时代的宾馆]被出售给一位想把它拆除并建造一排豪宅的开发商时，罗伊斯介入了。和他的投资领域有异曲同工之处，海洋之屋是一家相对来说较小的宾馆，它小到可能会被一家典型的度假酒店的标志挡住。但是罗伊斯看到了保留一段美好的过去的社区价值、历史价值，甚至可能是道德价值，他还看到了把海洋之屋转变成经济活动引擎的社会价值和具体的材料价值。所以，这就是他运用自己的财富所做的事情。

把罗伊斯这个保护历史、让价值重焕新生的事例，同他的核心投资目标联系起来并不牵强：“我寻找的是一家公司可持续的高回报，而这在市场上被误解了，这样我就可以以比其售价更低的价格买入，而我买进的复合效应将会让我走得很远。”罗伊斯的观念中最重要的一点是他选择的是公司，而非股票；他在为他的投资组合挑选标的的时候，分析的是每一家企业。为了做到这一点，罗伊斯遵循的是在 1973 年和 1974 年的“残酷时期”中他总结出的经验，以及他在那个“激进的”小盘股世界中积累的所有专业知识和经验。

罗伊斯曾经向一位采访者描述过他的专业，形容成一个“精心设计的审查潜在投资的方式”，一种“可以实质性减少波动”的审查方式，因此他可以“选择那些表现更好、波动更小”的投资组合。[1] 他也许还想加一句，这样可能他在夜里睡得更好。

---

〔1〕 2011 年 2 月 4 日接受《财富跟踪》（*Wealth Track*）的孔苏埃洛·马克（Consuelo Mark）的采访。

罗伊斯坚持的一点是,“Syntex 之后,我现在极力避免价格飞涨的、华丽的股票”。原因?“你购买的股票的价格和它未来的表现有很大的关系。”在市场一有风吹草动就投资之前,要先认真剖析股票的价值,因为股价反映的可能是市场对特定股票的一时迷恋。华丽是无形的,不能在资产负债表上找到,也不会增加公司固有的价值或是其资产。而当华丽褪去,当它不再是变幻莫测的股市的宠儿时,股价可能会开始下跌,之前涨得有多高,现在就可能跌得有多惨。

除了避开价格飞涨的股票,罗伊斯还把资产负债表视为一个尤为有效的关注目标,得有真正漂亮的硬资产和现金。这是他很久以前学到的一课,当时他是 Scheinman 的研究负责人,签署了一份关于一家公司的投资报告,而一个月后,这家公司迅速破产了。他承认,他“没有关注资产负债表”,即使是扫一眼,也能发现财务方面有很大的漏洞。这是他在职业生涯早期学到的一课,而且是用别人的钱学到的一课。从那以后,罗伊斯说:“如果我只有 5 分钟的时间去看一家公司的报告,那我一定会看资产负债表。”但是,这是指要长得多的分析过程中的 5 分钟,这是很重要的第一步。没有稳定的资产负债表,想把股票纳入投资组合中的话,将面临难以克服的障碍。

罗伊斯会研究一家公司最高可以负债多少,因为他寻找的公司要在有足够的资产回报的同时,最小化债务。他会审查资本的回报以及损益表和资产负债表的相互作用,把这作为对一家公司的估值工具。当他思考想以多少价格购买一家公司的股票时,他是一位绝对论者,而不是相对论者,也就是说,他认为评估一家公司本身的价值远比参照别人购买相似股票的价格来得有用。他对公司提的问题是,“如果我可以拥有这只股票,而没有任何的杠杆,我可以从中获得什么样的收益?”罗伊斯认为,比较两只相似股票的相对论者的危险之处在于,“如果一只股票一直都很廉价,而另一只被高估了呢?”作为一名绝对论投资者,他也希望能真正地从美元上盈利,而不是简单地“相对于”一个指数盈利,即使罗伊斯确实能跑赢罗素指数——前面提到的罗素 2000 小盘股指数是小盘股的真正的、标准的基准。如果没有看衰股票的能力——做空的能力，对于只做多的投资经理来说，绝对表现是一个不寻常的实际基准，但是这是正常思维，因为如果你导致投资者亏损了，你不会心安。[1] 但是即使没有基金经理喜欢亏损，资产配置专员——代表养老金计划及捐赠基金把资本配置给股票型基金经理的顾问——通常也会通过特定的基准表现来判断基金成功与否。因此，如果一只基金所参照的指数当年下跌了35%，比如2008年的标准普尔500指数，而基金只损失了25%的资本，投资组合经理会看到他的基金规模扩大了，因为他的基金相对来说表现更好一些，这就带来了盈利。从本质上来说，比市场表现好、获取利润是大多数基金的基准，但是罗伊斯的基金远非如此。它追求的是绝对表现，这意味着它想要在所有的市场上盈利，即使是亏损比别人少，也如坐针毡。这当然是一个令人敬佩的目标，但是从没有人达到过这个目标。我知道很多基金经理会因为“矮子堆里拔高个”而骄傲不已。

由于资产变现能力有时候是小盘股的问题所在——小盘股不会被很快卖出或大量卖出——罗伊斯必须在预期高回报的同时，预料到一笔头寸卖不出去的风险，这是当投资没有预兆地恶化时，投资者备受折磨的地方。无法变现的小盘股是投资组合经理的蟑螂汽车旅馆：你可以办理入住，但是你无法退房。这就是为什么给头寸确定合适的规模以及确保按高资产价值决定股价是非常重要的原因。

正是基于这种“设计好的审查方式”，罗伊斯取得了巨大的投资成功，并且拥有了出类拔萃的、著名的投资企业。当然，他也遇到过艰难时期。20世纪90年代末期，当每个人都追赶科技风潮时，罗伊斯却没有；这样做会违反他坚持价值的信念。很多投资者都背叛了他们的信念，被科技股票的花言巧语诱惑，在很短的时间里，这些股票的价格可能翻两倍、三倍甚至是四倍。对于那些愿意放弃他们的信念的人而言，价格趋势和回报是战略转移，但实际上是滑坡效应。“我们放弃科技优势，”他说，“我们在

[1] 在管理罗伊斯的共同基金的规章制度中，没有细则允许做空股票，对大多数共同基金来说，也是如此。

十三四岁的人群中收获的累计利息较好,而市场在二十几岁的人群中表现较好。虽然相对来说,这看上去很糟糕,但是我们表现还可以。"资产增加了,但是赎回的次数也增加了,因为共同基金经理追赶其他人的表现。然而,当泡沫破裂时,"事实证明我们是正确的"。本质上,罗伊斯说:"我们没有改变什么,但是我们看起来不再像是一个傻瓜。"2000 年和 2001 年,市场出现了急剧下跌,"但是那个时期我们做得很好,任何一个采取更低估值方式的人都做得不错"。换句话说,忽略名不副实的市盈率、忽视亏损商业模式的风险已经不再是一个制胜策略。

今天,罗伊斯的基金公司有 100 名员工,在纽约和康涅狄格州的格林尼治都有办公室,管理的资产有 400 多亿美元。这家公司是"小盘股领域的大玩家,"罗伊斯说,"但是,小盘股空间如此之大。"这是一门建立在创造规模和合作之上的生意,也是氛围开放的工作。这个行业没有"初级"人员。"我们这里不做培训。"罗伊斯说。这里有独特的环境——独特的文化——而且公司不慌不忙地前进,选择的是那些能融入这样的环境的人。面试录取比例非常高,整个面试过程的严格程度和长度是许多候选人承受不了的。"你必须在一个开放的氛围中,在一个小隔间里工作。"罗伊斯说道。在这家公司,没有关门的办公室——这是一个"非常透明的过程",在这个过程中,"每场会议都欢迎每个人参加",没有人做他/她自己的事情。事实上,只有两个人有传统的办公室——罗伊斯和他长期的二把手:惠特尼·乔治。但是不像传统公司的等级制度,一位职员的报酬和所坐的位置并没有关系,投资组合经理一年可能赚上亿美元是因为他们的奖金是和个人表现以及基金表现挂钩的。

该公司还花时间研究股票和满仓。"建仓可能会花上一个小时,"罗伊斯说,"而建很大的股票头寸可能要花几年。"股票价格可能非常低,在短时间内满仓会快速地抬高股价。接着就是核心研究,当然也有机会坐下来和这家公司的管理层深入地交谈。然而,罗伊斯对此却很谨慎。他对所谓的关于一家公司的发展历程和未来战略的"对话"非常感兴趣,也很清楚有时候"会被夸夸其谈的人压得透不过气来"。CEO 之所以能成为

CEO，是有原因的，他们通常有着鲜明的、说服性的性格，可以把人忽悠得偏离客观。因此，罗伊斯很乐意把与管理层的会面当成一个方面，同时相信“结果就是结果”，而且结果体现在证券交易委员会要求提交的公司报告中。一旦股票被纳入投资组合，当然他的公司就很乐意与管理层定期交流。

这也是他们和利氏兄弟拍卖行（Ritchie Bros. Auctioneers，简称BRA）工作的方式，这是一家加拿大的工业设备拍卖公司，也是罗伊斯基金的巨大收获。这是一笔体现了罗伊斯投资策略的投资。

RBA：罗伊斯风格的经典巨大收获

利氏兄弟在不列颠哥伦比亚省的基隆拿拥有一家家具店，该店位于该省中心地带的荒原区，1958年的时候，该公司发现欠了银行债务。他们集中了一些店里剩余的沙发和椅子，把它们无底价拍卖。当拍卖款清偿了他们的债务时，他们看见了商业机会，开始进行更多的拍卖。1963年，他们从家具的无底价拍卖转移到了使用过的工业设备——拖拉机，装货机，反铲挖土机，挖掘机，建筑、农业、矿业、运输、生产和林业设备——的拍卖，他们售出的商品价值达60万美元。1970年，他们把业务拓展到了美国，接着在20世纪80年代末，进一步走向国际。1998年，利氏兄弟的总销售额达到10亿美元，公司管理层决定上市，并开始了首次公开发行过程。

罗伊斯基金的分析师已经观察这家公司好一阵了。这是一种与众不同的业务，而且，罗伊斯说道：“我们总是很警惕类似这种的另类公司，而且我们从一开始就很好奇。“他们把这种企业视为极为特殊领域的利基业务——用罗伊斯的话说，“一家就像收费站的企业，每次你通过就要收费”。在这样一种业务中，更多的买家意味着更多的设备运送和拍卖，更多的运送意味着更多的买家。买家和卖家自给自足，扩大了公司规模，这是一家依靠他人来扩大用于购买（他们寻找用来拍卖的）产品的资本的企业。拍卖行然后对审查整个销售过程收费。随着这个企业的发展,罗伊斯说,“给其他的企业挖了一条很宽的护城河”,要想竞争先得过河。

说到一条很宽的护城河,罗伊斯指的是特定企业具有先发优势,给潜在的竞争者设置很大的障碍。利氏兄弟本质上创造了一个新的企业,一个之前并不存在的市场。尽管他们有些跌跌撞撞——他们财务上的不幸却带来了积极的结果。这不是艾萨克·牛顿先生观察苹果落地时的顿悟,但是他们知道自己拥有什么而且利用了他们所拥有的。“一旦准备就绪,”用罗伊斯的话说,“就轮到你来搞砸了。”

而利氏兄弟的管理团队(现在也包括非家族成员)并没有搞砸。他们对无底价拍卖的坚持足以证明他们的认真和正直诚实;他们的投入资本获得了很高的回报。当他们逐渐做大时,展现出了利用周期性下降去增加拍卖网站的实力。也许这违反常理,但是使用过的设备是能够抵抗经济衰退的,因为资金安全的卖家想要抓住有大量产品供应的机会。利氏兄弟看上去就像查诺斯专攻的小盘股投资:未被发现,非主流,工业的,高回报、高利润,有独家的关键成功优势。罗伊斯不断打磨,直到他确定这就是他满意的公司,然后用自己的潜在“收购标准”去评估——也就是“如果我们拥有这家公司”的标准。罗伊斯在首次公开发行时购买了利氏兄弟的股票,第二天的买入成本是每股 4.19 美元。其实这是一次不寻常的首次公开发行,首次公开发行是一种通常被那些比这家拥有 20 年历史的拍卖公司年轻的公司使用的融资机制。但是罗伊斯还没有完全买进利氏兄弟的股票,他想看一看利氏兄弟成为上市公司之后的表现如何,而且还需要做很多分析。“这是建立信心的过程。”罗伊斯说道,而他的公司继续研究利氏兄弟——它的竞争、顾客和过程。他们做的所有调查都增加了他们的信心,而且罗伊斯持有的股票头寸也同样在增加。写到这里的时候,罗伊斯仍然持有利氏兄弟的股票。[1]

---

〔1〕 当一只股票升值到一定程度,与其他股票相比失去吸引力时,罗伊斯基金可能会减持,也可能会完全出售。当其评估该股票再一次变得有吸引力时,再买入。对利氏兄弟的投资,他们做得尤其好,利润达到一开始投资时的 5 倍,在某些时候更高,其他时候会低一些。

罗伊斯的管理层和利氏兄弟的管理层一年之中会碰几次头。利氏兄弟一直给罗伊斯惊喜。罗伊斯的分析师注意到利氏兄弟在处理棘手的网上招投标时的技巧和专业知识，而网上招投标大约占利氏兄弟业务的四分之一。投入资本的回报非常高，而且罗伊斯相信利氏兄弟市场份额持续增长的机会很大。罗伊斯是利氏兄弟最大的股东之一，对他来说，结果是“一家优秀的并且会做得更好的公司的复合效应”，而且这是一家追求更大增长机会的公司。难怪“利氏兄弟及其股票的上升，让我们感觉自己做了正确的决定”。

找到一只小盘股的价值需要做很多工作，建立一个你感兴趣的公司的更大、更有影响力的仓位需要做更多的工作。但是如果这是你从 15 岁起就想做的工作，之后不管你多大，你都会对这样的工作保持热情。这种热情使一个人保持专注——极致地、强烈地、不停歇地。这个人很久之前在浏览一本活页夹时发现了自己的热情所在，现在每天早晨醒来的第一件事就是打开他的 iPad 去查看市场情况，他仍然热爱着股票以及计算赔率的过程。这是一个终身的巨大收获。

经验总结

EBIT——息税前利润（earnings before interest and taxes）。EV——企业价值(enterprise value)。这些是投资达人口中的热词，也是查克·罗伊斯遵循的词语，或者说是术语。看上很复杂，其实息税前利润/企业价值(EBIT/EV)是罗伊斯评估一家企业时最重要的单一计算方式。最好的考查 EBIT 的方式，虽然可能会太过简化，就是把它当作现金流的指标。企业价值是一家公司的市值(每股市场价格乘以发行总股数)，加上债务和优先股，再减去现金和现金等价物。如果股票的市场价格让股东感觉没必要继续持有，股东无视股票溢价的代价可能就是丧失买下整个公司的机会。前面提到，从本质上来说，EBIT 是衡量现金流的一个标准。罗伊斯和很多其他投资者，尤其是价值投资者,都认为 EBIT 是比市盈率更真实、更一致的估值工具。罗伊斯采用的衡量标准还涉及资产负债表,因为债务是和偿还债务的成本——利息——一起计算的。坚持理性的资本化率(cap rate)[1]是让罗伊斯对特定股票感兴趣和对其他不感兴趣的因素。虽然罗伊斯对亚马逊公司非常尊敬,但是考虑到亚马逊的资本化率,这不是罗伊斯想拥有的股票。写到这里的时候,亚马逊的股价达到每股 200 美元,但是资本化率大约为 7%——没有多少吸引力。相较而言,罗伊斯第一次购买利氏兄弟的股票时,其资本化率更保守,达到 15%,这是罗伊斯将其股票纳入投资组合的目标水平。但是,这不是唯一的衡量标准,EBIT 的增长率也是一个重要的考量因素,而利氏兄弟持续的增长远超其他公司的平均水平。当一个投资组合的资本化率达到 5%~6%,就会被出售,这一估值目标通常要花 3~5 年才能实现。公平起见,罗伊斯的估值方法在小盘股投资者当中不是标准的方法,而许多小盘股投资者倾向于采用市盈率。在这个标准中,利氏兄弟可能不是很有吸引力,这是一个很有意思的悖论,因为毕竟罗伊斯是一个价值投资者。但是比起有一条准则并坚持下去(罗伊斯正是如此),关于哪个更廉价的争论还是次要的。因此,本章最终的经验总结是,在众多评估股票的方法中,罗伊斯倾向于把它当成一家公司评估,这是一种潜在的金融收购者会把它视为收购目标的方式。什么样的投资回报是值得的?[2]这种分析——部分是靠资产负债表,部分是靠损益表——为保护投资提供了基础,而增长或收益分析,提供了上行目标。虽然收益会上下浮动,也会被很多事件影响,从而带来市盈率的问题,但最终资产才是赢家。这也是一个经验总结。

小盘股投资者必须确保当他们退出一笔股票头寸的时候,有买家愿意接手,尤其是当他们的持股数与平均交易量之比很大的时候。唯一能肯定这种事会发生的情况是,当罗伊斯卖出时,有人愿意接手。当美盛集团(Legg Mason)于 2001 年收购罗伊斯的基金的时候,其管理层希望罗伊斯会爽快地答应他们的收购条件。这也是为什么它支付了罗伊斯2.15亿美元，假设一些目标可以达成。把这个数字放到和罗伊斯采用的评估标准类似的标准中的话，购买价是EBITDA[3]的7倍。当罗伊斯出售他的公司的时候，公司管理的资产（AUM）达到53亿美元。在过去的10年里，AUM增长了将近8倍。肯定会有人说可能罗伊斯太早卖出股票头寸了，但是正是这样的做法使他大赚一笔。我没有问他是否会有一些后悔，因为我知道他会回答："那是我当时所做的正确的事情。"另外，没有人的公司破产了还能赚钱。

〔1〕资本化率（capitalization rate）缩写是cap rate，是评估一家公司的投资回报的工具。资本化率被更多地用在房地产领域，衡量除去众多开销之后的租金收入，但罗伊斯把它用于公司评估。简单来说，资本化率和股票联系在一起，能衡量一家公司相对其股价所产生的现金流。

〔2〕上市公司通常有两种基本的收购者：金融收购者和战略收购者。金融收购者主要是私人股权公司，而战略收购者是那些想要把它们的业务与它们收购的公司合并的公司。因为有更大的协同作用以及在并购中减少成本的能力，在并购中，战略收购者要比金融收购者支付更高的价格。

〔3〕EBITDA和EBIT一样，是一个传统的衡量现金流的标准，而且可能更多地被金融分析师使用。原因之一是这个标准会考虑公司资产贬值和摊销带来的影响。EBITDA：息税折旧及摊销前利润（earnings before interest, taxes, depreciation, and amortizations）。

第七章　盈利的预言家：A. 阿尔弗雷德·陶布曼

“当我考虑一个开发项目时，我从不看盈利，”开发大师阿尔弗雷德·陶布曼说道，“我看的是项目——这个项目有什么资质。它可以做什么？它的机会有哪些？”

陶布曼可能看的不是盈利——至少不是眼前的盈利——而是长期的发展，他通过零售房地产开发积累了可观的财富。这样的财富得益于陶布曼看一个项目的“机会”时所关注的东西。

他当然能看到其他人看不到的东西。陶布曼发明了封闭式购物中心，现在购物中心已经是美国郊区生活中不可或缺的一部分，几乎是美国的标志了。如果他没有发明融资收购，他就不会创纪录地说服 9 家银行借给他和投资伙伴 3.374 亿美元去实施加利福尼亚州纽波特比奇市的高端房地产开发项目——77 000 英亩的欧文牧场。他能成功是因为当他考察欧文牧场项目的资质和机会时，所看到的那些东西。简单来说，阿尔弗雷德·陶布曼看到的是巨大的可能性，以及更大价值的潜能：“5 000 万美元的基础设施已经落地了，”他说，“而租契还能值个几百万。”难怪他能筹钱买下欧文牧场——这是他漫长职业生涯中众多巨大收获中的一个。

收益之后才到来，当把股票出售时，陶布曼说，如果他想等待足够长的时间再出售，那他的收益会更多。“那样就太贪婪了，”他说，“而我从不贪婪。”

相反,他是喜欢创新的,而且会因为改变而激动不已。“事物总是在变化。”陶布曼说。他以注重细节著称,他在高档购物中心建造了喷泉,铺的是水磨石砖,完全转变了零售业,获得了更高的生产率,体现在每平方英尺的销售额上,这是购物中心产业里的任何人都无法企及的。

在这一过程中,盈利不断增长,《福布斯》估计陶布曼的财富总额可达25亿美元。

密歇根人

阿尔弗雷德·陶布曼是大萧条时期的孩子。他于1924年在底特律出生,父母是移民。1935年参加工作,当时只有11岁。几年后,当第二次世界大战爆发的时候,他刚刚在密歇根大学开始大学生活。他参军了,加入了太平洋战争。

他回来后,回到了大学学习艺术和建筑,但是《退伍军人权利法案》却无法支撑起陶布曼、他年轻的家庭以及他的学业,因此他去了一家建筑公司工作。

数十万其他人也在做着同样的事。从战场归来,他们结婚,组建家庭,开始职业生涯,从城市搬到郊区以寻找更大的空间和更少的钢筋混凝土。对陶布曼来说,这看上去像人口、经济和社会的未来增长。这就产生了一个问题:这些中产家庭一旦离开了市中心的商业中心,搬到了郊区,他们去哪儿购物呢?答案给了他线索:关于一种不同的零售业的未来价值。他在那样一个未来看到了一个关键的机会,像他一样的奋斗者数量的增长带来的商机。他与众不同地说道:“我看到的是这些人的数量,我认为我们不能错过这样的机会,而我们没有错过。”

但不仅仅是这个群体的数量,陶布曼还有新颖的观点,关于如何设计并建造购物中心——克服他所谓的“门槛抗拒”,也就是阻止消费者进入一家店铺或者找到合适商家的生理和心理原因。陶布曼认为,这样的障碍是传统零售店铺和传统购物体验具有的特征,他想改变两者。陈列柜又深又长像隧道，阻碍了消费者走进店铺的大门，外观也没有吸引力，而且占据了宝贵的销售空间，这是陶布曼意识到的潜在消费者和商家的商品之间的生理障碍和心理障碍。他开始设计克服门槛抗拒的方法——缩短陈列柜和门之间的距离[1]，就像他为商场里的苹果零售店设计的那样，鼓励消费者走进店铺，这样销售就可以把自信传递给消费者，消费者也可以体验到购物的快乐。

没有哪个细节是小到陶布曼注意不到的；没有哪个丰富购物体验的机会、提高他的租户的营业额的机会和进一步提高他的公司的机会会被忽视。陶布曼认为自己除了是开发商和零售空间的地主，还是一位商人。零售很重要的一部分就是展示，正如陶布曼改变了店面的购物体验一样，他从本质上重新发明了购物中心的布局。他是第一个采用真正创新的方法去做每一个购物中心地面设计的开发商。他没有采用保龄球馆式的直线走道设计，而是让商铺有边缘和曲线，这样店面就会突出，消费者在远处就可以看到前方的店铺。这不仅对商户来说是好事，可以吸引消费者，对那些消费者一走而过的店铺来说也是如此。陶布曼甚至还重新思考了停车区域，确保消费者在停车和取车的路上都能经过商铺区。他的租户的成功直接影响了他的收益。

因此，在 1950 年，他创立了自己的零售房地产开发公司：陶布曼公司。他的第一个任务是：雷太太在底特律的婚纱店。这是一个陶布曼按时完成的承包项目，不管是雷太太还是陶布曼都取得了极大的成功。陶布曼已上路，成功不断来临。

巨大收获：封闭式购物中心和欧文牧场

陶布曼很快发现，零售房地产开发用他的话来说，就是“数字游戏”，

---

〔1〕 几年后，当苹果着手开零售店时，很多都是开在陶布曼的购物中心里，陶布曼的设计团队帮助苹果商店的设计师重新思考他们一开始的设计，给出建议，才有了如今苹果商店的标志性布局，包括把销售空间移到店铺门口，而不是苹果设计师一开始设计的那样有一个类似前台的区域。

成功接踵而至，庞大的数字让他把目光投到密歇根州之外。加利福尼亚州无疑是明显的增长目标，郊区广阔，汽车文化成熟，高速公路网发达。事实上，加利福尼亚州"土地肥沃"——陶布曼后来会为他的公司这样写。正是在加利福尼亚州的郊区，围绕旧金山的海湾地区，陶布曼的超大型封闭式郊区购物中心的理念得以实现，其规模和环境可以媲美传统市中心的商场。也是在那里，他的观念进一步得到升华：他真正地处于零售业，购物中心就是商店的商店。有了正确的设计，它们可以消除顾客的门槛抗拒。这一策略是他"销售"正确的店铺的关键竞争优势。

也许他在加利福尼亚州最成功的投资是买下欧文牧场，这是著名的奥兰治县的一个高端社区，已经是加利福尼亚州甚至美国最富有的家庭的居住地了。当欧文家族的孙女、家族基金的受托人琼·史密斯起诉，要求停止把房产出售给美孚石油公司（原因是售价过低，而且出售过程有缺陷）时，机会来了。史密斯打赢了官司，通过朋友的朋友，她联系到了陶布曼，问他是否有兴趣提交新一轮竞标申请。

当时是艾伦公司（Allen & Company）的小查尔斯·艾伦（Charles Allen Jr.）邀请陶布曼加入的。艾伦公司不像高盛和摩根士丹利那样有响当当的名字，但它可能是老牌投资银行中最德高望重、最具影响力的。它的客户都来自《福布斯》400 富豪榜（Forbes 400）以及他们所代表的公司。每年，艾伦公司在爱达荷州的太阳谷举办高门槛、受邀请才能参加的会议。沃伦·巴菲特和比尔·盖茨常年出席，全球每一家重要媒体和科技公司的 CEO 也是如此。

受到艾伦公司的邀请，陶布曼参观了欧文牧场，它的面积几乎是曼哈顿的 5 倍。然后他像往常一样做了评估。在他看来，美孚准备把这个牧场投入工业化运营。因此，根据陶布曼的评估，美孚会提交一份收购工业公司的申请，而它相信公司的年增长率会达到 10%～12%，因此可以增加其财务收益。最有可能的是，根据欧文牧场的市盈率，美孚会出价每股 24 美元。陶布曼精通谈判的艺术，他知道美孚会出更高的价。

所以现在阿尔弗雷德·陶布曼必须评估美孚的出价会有多高，他是否可以带上他的投资伙伴或者只能只身前往。他的投资伙伴也是富有且成功的知名人士。这份名单上包括唐纳德·布伦(Donald Bren)，他是加利福尼亚州知名的房地产开发商。陶布曼希望布伦能够再带上一位当地的投资人，以确保对欧文牧场的成功收购，而且在接下来的开发过程中，如果有当地开发商的参与，区域规划通常也会更容易通过。一如既往地忽略“每股收益”，陶布曼考虑的是土地价值的机遇以及已经存在的房产——价值1 000万～1 200万美元的别墅，而租户每月只需支付400美元的房租。重新评估的时候，陶布曼发现租契的实际价值为每月8 000多美元，而当他回忆起欧文牧场的租户打着黑领结、穿正装举办晚宴筹款，雇用律师与新租契做斗争之时，他面露微笑——真是可笑之举——因为很多租户都是百万富翁，而且他们还预先阻止陶布曼的收购。

美孚的努力虽然很美好，但是失败了。美孚看到的是年增长率可以达到10%的工业经营，而陶布曼看到的是有着巨大未来价值的房地产交易。尽管美孚一开始出价低，但他之后出价高过石油巨头最终提高了的价格。陶布曼一开始出价是每股27美元，但他仍能以折扣价收购欧文牧场。“我知道我们能赢。”陶布曼说，他很有信心美孚会退出；石油巨头在资产估值方面缺乏想象力。

这也是后来发生的事情。

“在一个项目中，我知道成功是有模式的，”陶布曼说，“我们可能会谈成一笔交易，看上去收益只有4%，但是我们知道收益可以达到20%～50%。这就是我关注的地方。”对保有资本和最终产生投资回报来说，保守的设想常常是很关键的。

最终陶布曼收购欧文牧场的总价接近3.4亿美元。陶布曼安排了新的管理团队，改变了管理理念：关注运营，包括开发和盈利，而非被动收租。6年后，布伦找到陶布曼，想要购买他和他朋友们的股份，欧文牧场当时的估值是10亿美元。陶布曼预期欧文牧场的价值会有更大的增长，而他的朋友们都希望出售股份，获得巨大收益，陶布曼推迟实现他们的愿望，坚持他的原则：不能贪婪，不能背离他们这群人的初衷。欧文牧场的出售让陶布曼获得了1.5亿美元的收益，他的投资伙伴瓜分了2亿美元。

核心能力

阿尔弗雷德·陶布曼把自己描述成一个开发者，而不是投资者。这两者也许差别不大，但是还是有区别的。

传统的股票、债券、货币和房地产投资者关注的是特定的背景或投资主题，在主题中产生想法，然后对每一个想法进行研究，分析它，权衡风险和潜在回报。开发商所做的也差不多，但是产生想法的背景永远是土地和基础设施。他们上上下下地研究想法，权衡风险和回报。如果决定继续开发，他们会投很多资金到他们认为未来会产生更大价值的项目中。从真正意义上来说，每一个项目当然是一笔投资。

区别在于背景。在陶布曼的职业生涯中，这意味着一个核心能力——零售房地产开发。是的，他也涉足其他建筑。南卡罗来纳州的查尔斯顿市市长邀请他保护市中心的建筑，因为有开发商想要在市中心建一座宾馆，这是与城市的历史和精神格格不入的，陶布曼同意了。“我做这件事是因为我认为这是应该做的，”陶布曼说，“这是一座对美国来说很重要的城市。”他还开发过多用途的城市综合体，比如康涅狄格州斯坦福德市的城镇中心(Town Center)和洛杉矶的贝弗利中心(Beverly Center)。当他的一个朋友推出了一个基金中的基金，邀请他投资时，他也同意了——“我想帮忙。”他说道。但是零售房地产开发是他了解的，而且是他有极好表现记录的一行，他有96%的项目是成功的。“我没有太多的失败，”陶布曼说，“而且我把缺点弥补得很好。”似乎没有理由从这么盈利的老本行转行。

弥补缺点是陶布曼在非房地产投资方面也会坚持的原则。事实上，我们从陶布曼的职业生涯中可以学习的重要经验是：如果你从自己的专业转行，那么就会扩散风险。即使陶布曼有足够的现金——大部分时候他是有足够的现金买入全部股票的——他也不会独自承担债务；相反，他会与其他投资者分担。这是他在1977年竞标欧文牧场时做的事,尽管他有足够的资金独自投资,可以动用他的资产和他与众多银行的关系。这是陶布曼的理念中一个重要的基本原则。另外重要的一点是,陶布曼总的来说是一个长期持股者。这也是你可以利用的核心能力。

这就是为什么当被问及他的最大收获时,陶布曼毫不犹豫地回答:“我最大的成功就是陶布曼公司。”他当时贷款5 000美元创立了该公司,而今天他拥有“价值超过10亿美元的股票”,每年提供给股东约14%的回报。“我是一个富有的人,”陶布曼说,“陶布曼公司使我致富。”

查看该公司无与伦比的投资组合,就像滚动查看美国的高端商场名录。事实上,摩根士丹利的分析师在准备为陶布曼公司的首次公开发行提供经济担保时,发现陶布曼的商场遍及美国最高收入地区100强中的90个。今天,陶布曼公司还投资了“3家非常成功的折扣商场”。陶布曼说:“高端和平价我们都做。不高不低的不做。”关于阿尔弗雷德·陶布曼的购物中心的更多信息,请参考表7.1。

表7.1　陶布曼的购物中心

运营中	
亚利桑那磨坊(Arizona Mills)	亚利桑那州,坦佩
贝弗利中心(Beverly Center)	加利福尼亚州,洛杉矶
查尔斯顿广场(Charleston Place)	南卡罗来纳州,查尔斯顿
樱桃溪(Cherry Creek)	科罗拉多州,丹佛
水晶购物中心(Crystals at City Center)	内华达州,拉斯维加斯
海豚购物中心(Dolphin Mall)	佛罗里达州,迈阿密
费尔橡树购物中心(Fair Oaks Mall)	弗吉尼亚州,费尔法克斯县
芳尔兰镇中心购物商场(Fairlane Town Center)	密歇根州,迪尔伯恩
大湖隧道奥特莱斯(Great Lakes Crossing Outlets)	密歇根州,奥本山
国际广场(International Plaza)	佛罗里达州,坦帕
麦克阿瑟购物中心(MacArthur Center)	弗吉尼亚州,诺福克
美年购物中心(The Mall at Millenia)	佛罗里达州,奥兰多
鹧鸪溪购物中心(The Mall at Partridge Creek)	密歇根州,克林顿镇
肖特山购物中心(The Mall at Short Hills)	新泽西州,肖特山
惠灵顿·格林购物中心(The Mall at Wellington Green)	佛罗里达州,棕榈滩县

续表

运营中	
北湖购物中心(Northlake Mall)	北卡罗来纳州，夏洛特
恺撒码头商场(The Pier Shops at Caesars)	新泽西州，大西洋城
摄政广场(Regency Square)	弗吉尼亚州，里士满
柳树湾购物中心(The Shops at Willow Bend)	得克萨斯州，普莱诺
斯坦福德城镇中心(Stamford Town Center)	康涅狄格州，斯坦福德
石角时尚公园(Stony Point Fashion Park)	弗吉尼亚州，里士满
太阳谷购物中心(Sunvalley Shopping Center)	加利福尼亚州，康科德
十二橡树购物中心(Twelve Oaks Mall)	密歇根州，诺维
湖畔购物中心(Waterside Shops)	佛罗里达州，那不勒斯
西农场购物中心(Westfarms)	康涅狄格州，法明顿
伍德费尔德购物中心(Woodfield Shopping Center)	伊利诺伊州，绍姆堡
在建中	
城市溪流中心(City Creek Center)	犹他州，盐湖城
国际金融中心[International Fin Center(IFC)]	韩国，首尔
国际市场(International Market Place)	夏威夷州，威基基
牡蛎湾购物中心(The Mall at Oyster Bay)	纽约州，牡蛎湾
北亚特兰大中心(North Atlanta Center)	佐治亚州，北亚特兰大
国际广场(Plaza International)	波多黎各，圣胡安

资料来源：www. taubman. com，2011 年 11 月。

陶布曼退休之后，和他创立的公司不再有任何正式的关系，虽然他仍然持有大量股份，而且和管理层联系密切；现在他的两个儿子是该公司的负责人。可想而知，他们偶尔也寻求大师的意见，但是他们证明了自己是该公司合格的负责人，而且是有远见卓识的人。他们在亚洲设立了办公室，而且在波多黎各开发的一个项目将会与公司的高档购物中心步调一致。

消除门槛抗拒

陶布曼不仅仅和房地产、零售、购物中心以及钱打交道。他的慈善事业做得很大，正是他的博爱促使一个有着销售和设计背景的年轻人，对零售店约定俗成的外观发起挑战。

在陶布曼看来，门槛抗拒不仅仅局限于零售业。他在自己的回忆录——《门槛抗拒：奢侈品零售先锋的卓越职业生涯》(*Threshold Resistance: The Extraordinary Career of a Luxury Retailing Pioneer*, HarperBusiness, 2007)中解释道，门槛抗拒也存在于阻碍人们实现全部潜能的任何地方。陶布曼用他的财富去帮助人们克服这种行为性的门槛抗拒。

作为母校密歇根大学最大的个人捐赠者，陶布曼为母校和其他地方的科学与健康研究做出了巨大贡献。他还为其他学校做出了巨大贡献，因此，布朗大学成立了陶布曼公共政策中心(Taubman Center for Public Policy at Brown University)，哈佛大学成立了陶布曼州政府和地方政府中心(Taubman Center for State and Local Government at Harvard University)，密歇根州的劳伦斯理工大学成立了 A. 阿尔弗雷德·陶布曼学生服务中心(A. Alfred Taubman Student Services Center at Lawrence Technological University)，底特律的创意设计学院成立了 A. 阿尔弗雷德·陶布曼设计教育中心(A. Alfred Taubman Center for Design Education)。

高等学府不是唯一接受陶布曼慷慨捐赠的地方。根据他最近的发现，他的家乡底特律 47%的成年人不识字，他通过加入一个叫作 Reading Works 的新创企业，开始从教育基础方面做些努力。这是他的慈善事业中最新的一个项目，也反映了他不变的热情——也许这次他拥有比发明现代购物中心更大的热情。他在他的博客中写道："我很清楚，解决严重的成年人不识字障碍是合乎逻辑的、必要的做法，可以改善未来底特律的经济和社会前景……一群接受过训练和得到支持的志愿者可以迅速地改善这个问题。采用一对一的服务，我们可以一次改变一位成年人和一个家庭。这是为你所爱的城市做的一件多么令人欣慰的事啊！"

陶布曼曾在基洼岛的海景球场把高尔夫球一击入洞，而现在他在力所能及地帮助更多的人完成心愿。

另外，苹果选择把第一家零售店开在陶布曼购物中心并不是一个巧合。得益于阿尔弗雷德·陶布曼在半个世纪前做的门店完善，苹果商店的理念取得了极大成功，消费者在购买苹果电脑和手机时，没有产生门槛抗拒。

艺术：陶布曼遭受的一次不公平待遇

1983年，世界发现，搞艺术的人更会欣赏自画像，而不是资产负债表。苏富比——知名的英国拍卖行——陷入困境，需要救援。在英国，苏富比没有找到勇敢的骑士能够屠杀金融巨龙，所以它放眼美国，寻找救星，最终找到了大师级的购物中心开发者——阿尔弗雷德·陶布曼。但傲慢的艺术世界瞧不起陶布曼，希望有人能更契合艺术的高贵血统，而不是一个来自底特律的商人。但是这位商人，非常富裕的商人，有着富裕的、热爱艺术的朋友们，包括莱斯利·卫克斯奈(Leslie Wexner)、亨利·福特二世(Henry Ford Ⅱ)和弥尔顿·皮特里(Milton Petrie)(见补充故事：一位有益的朋友)，这样的人正是苏富比非常需要的——某个能够恢复艺术世界的激情的人，去把它当成一次经历、一种吸引力。相信富者会更富，他们都可以获得可观的收益，1988年苏富比上市了。支援苏富比需要的不仅仅是资金，陶布曼把他的零售专业知识也运用到振兴苏富比这个暮气沉沉的企业上，给它带来了巨大的改变，比如拍卖大厅上的豪华包间。

苏富比最后的辉煌是1996年拍卖杰基·肯尼迪·欧纳西斯(Jackie Kennedy Onassis)的房产，然后就开始走下坡路。美国司法部开始调查苏富比和其最大的竞争对手——佳士得拍卖行(Christie's)共同操纵佣金事件。陶布曼作为主席，于2000年辞职，2001年5月被起诉。首席执行官黛安娜·"德德"·布鲁克斯(Diane "Dede" Brooks)也被起诉，而且可能要坐3年牢。她最终认罪，同意指证陶布曼，从而获得免刑。苏富比的其他员工也遭到了起诉，但是他们都居住在英格兰，而操纵佣金在英格兰并不是犯罪行为。最终，陶布曼被定罪，他同意个人承担 1.56 亿美元的罚款,鉴于他已经 78 岁,而且有心脏病,因此需要在一所联邦监狱医院待满 9 个月。至今,他都认为自己是清白的,对于布鲁克斯和政府达成的协议表示质疑,布鲁克斯的心思可谓"司马昭之心,路人皆知"。在了解了陶布曼的为人、他的人生故事以及他的慈善行为之后,我站在他这边。

在陶布曼进监狱之前,我非常有幸能在深谷高尔夫俱乐部(Deepdale Golf Club)打一场高尔夫,这是一家离纽约有 25 分钟车程的高端高尔夫俱乐部。那天去的俱乐部会员有:亨利・克拉维斯(Henry Kravis)、肖恩・康纳利(Sean Connery)、汤姆・布罗考(Tom Brokaw)和皮特・彼得森(Pete Peterson)。当我在开球的时候,这些人都坐着直升机到了。深谷高尔夫俱乐部 38%的股份由查尔斯・艾伦的继承人控制,他们掌管投资银行——艾伦公司,深谷是一笔巨大的投资。陶布曼在我前面的四人小组之中,我在了解了他所经历的和当时所面对的事情之后,佩服他还能把球打进洞里。这个世界真滑稽,当别人第一次介绍我和陶布曼认识时,是在另一个高端高尔夫球场——西棕榈滩的特朗普国际酒店。我也不是这个球场的会员,只是美国的客人。

过　程

对个人投资者来说,陶布曼评估潜在开发项目的过程可以被用作评估任何种类的投资机会的模板。这一过程可以参考图 7.1。

用陶布曼的话来说,一开始要看的是"这个项目的资质"——它所展现出的未来价值机会。这意味着看到的"不仅仅是每股收益",正如陶布曼所说的,还要"评估机会的价值"。在零售房地产开发领域,陶布曼就是这样去评估土地的价值的,还有"开发的好处"。他仔细了解一个项目方圆 5 英里、10 英里和 20 英里的人口情况,而且他会更仔细地了解人口的

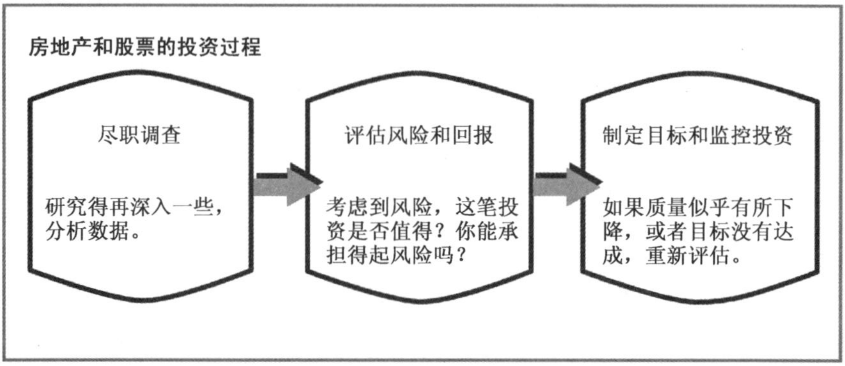

图 7.1 陶布曼的投资过程

资料来源：www.taubman.com，2011 年 11 月。

变化情况，因为他知道人口情况确实经常变化。他还知道——这是他的核心能力——购物中心的所在地，“当地的人口使它盈利，游客是次要的”。所以他非常依赖消费心理学这一新学科——也有人一直跟踪人口变化——来理解顾客的行为和喜好，并通过筛选社交网络、搜索引擎和生命周期预测的数据得出潜在顾客有哪些。

如果一个项目通过了评估，并且具有未来价值，下一步就是评估风险，并且承担风险。陶布曼透露他“对于风险的意义有着不一样的看法”。作为一名企业家，他认为无所作为——用他的话来说，“不采取行动”——也是有风险的，也许比投资的风险更大。如果是这样，而且经过评估，他得出结论：无所作为比投资风险更大；那么至少他会把风险扩散到其他投资合伙人身上去。

然而，有合伙人的问题在于行动自由受到限制。1992 年陶布曼的公司上市的时候，他就有这样的感受。“我不喜欢公开，”他说，“我喜欢做我想做的事。”但是如果这不可能，陶布曼就想成为制定目标、管理过程的人。设计和成本目标必须达成。“我们不能承担超出的成本，”陶布曼说，“我们在成本上必须正确。”这就意味着从始至终仔细跟踪项目进展。另外，“我们建的是好的、坚固的东西，”他说道，“而且我们因为建得漂亮而受到夸赞。”换句话说，设计的质量和执行非常重要，尤其是如果一笔投资的目标是长期回报。陶布曼说："我们建到最后一刻。"他也投资到最后一刻。

那么，陶布曼的过程能怎样指导购买证券交易所上市股票的个人投资者呢？

第一，做尽职调查。如果本书所有的巨大收获都有一个共同点的话，那可以总结成一句陈词滥调：研究投资，研究得再深入一些，分析数据。

第二，评估风险和回报。考虑到风险，这笔投资是否值得？你承担得起风险吗？优点总比缺点多，必须明确风险，以便分配时间和资本。

第三，制定目标和监控投资。如果质量似乎有所下降，或者目标没有达成，那就重新评估，即使你是长期投资——事实上，因为你是长期投资，那更要如此。

一位有益的朋友

你会想和阿尔弗雷德·陶布曼做朋友。他非常忠诚、无私，把机会分给其他人，也从不忘记那些一路帮助他的人。他得益于他的老朋友亨利·福特二世在底特律的关系，而亿万富翁弥尔顿·皮特里帮助陶布曼创立了公司，并且多年来给予他好的、有效的建议。

他邀请他的朋友和他一起投资欧文牧场，两位老朋友——皮特里和福特（当时他已经不是亿万富翁了）；还有新朋友——唐纳德·布伦，他告诉陶布曼他可以邀请其他投资者。虽然陶布曼最终通过他自己的关系网融资，但是布伦也参与了投资。

同时，他也是莱斯利·卫克斯奈的好朋友——卫克斯奈是有限品牌（Limited Brands）、维多利亚的秘密（Victoria's Secret）、沐浴和身体的艺术（Bath and Body Works）以及其他零售品牌的创始人。卫克斯奈收获的是陶布曼的零售专业知识——不仅仅是作为一名租客而言。陶布曼邀请卫克斯奈坐直升机参观他在底特律的购物中心，指出其中几处有限品牌的门店，斥责卫克斯奈的店铺成为他高端购物中心里的“毒瘤”。落地之后，陶布曼用他的建筑天赋建造了一个聚苯乙烯模型，这是更合理的布局，为日后有限品牌门店的设计奠定了基础。

当卫克斯奈还是一名年轻的企业家、没有成为出色的有钱人时，他给陶布曼打电话，祝贺他买下欧文牧场。他们俩最终成为亲密的朋友，而卫克斯奈的公司成为陶布曼购物中心的重要租户。他们也在很多投资项目上合作，包括陶布曼收购苏富比，卫克斯奈也从中赚了不少。他们能分享财富和机遇是一种缘分，尤其是他们所见略同而且都实力雄厚。当陶布曼买下一栋纽约的写字楼作为他的个人办公室时，卫克斯奈租了里面的3层楼。

凭借商业上的成功，陶布曼在慈善事业上孜孜不倦，他支持了很多慈善机构，为寻找致命疾病的治疗方法开辟道路。其中最让他激动的是资助干细胞研究。“我们正在治疗乳腺癌和卢伽雷氏病。”他说道，声音中满是骄傲。阿尔弗雷德·陶布曼没有在做预测，而是在陈述事实，而根据他的成功记录，我相信他。

经验总结

盈利的预言家——阿尔弗雷德·陶布曼取得的成功，是扎根于准确看到机会的想象力之中的，而其他人没有这样的想象力。他的想象力并不是白日梦，远非如此。相反，他的想象力是基于对收购的房地产的基本价值所做的彻底分析，这就限制了风险，从而能对回报做出适当预估。这是普通投资者可以学习的——一种对于大多数金融资产有效的策略，不管是股票、债券还是房地产：以合适的价格买入高质量的资产来限制风险，形成适当的回报预期，投资就能成功。但是陶布曼能拥有这么多财富的关键在于他的远见卓识，明白什么样的投资能成功，不是靠巧合或运气，而是他预期到其他人没有预期到的。

这对股市的普通投资者有什么借鉴意义呢?第一步是找到一家业务稳定的公司,一个很好的例子是你每天都接触的消费品的生产公司。让我们来看一组例子:

比如,下次你飞快地吃三明治和喝可乐的时候,你可能会注意到可口可乐。当然了,这是一家不错的公司。事实上,这家公司的市值非常大,股价提供较高收益是不太可能了。另外,可口可乐公司股票基本的投资理由是已知的,这就意味着没有什么因素能把股价推向更高。对于可口可乐公司的股票来说,你的预期更多是关于市场,而有十足的信心是挺难的。这样一种投资的结果是什么呢?你的风险会被高于平均水平的股息收益、强劲的资产负债表和非周期性商业模式抵消。最终,你投资的股票会在市场下跌的时候表现更好,只是上升的速度比较慢。

但是,让我们来看一看另外一家公司,也是我们每天接触的,但是我们并不会认为它的产品也是股票市场的投资目标。高通(QCOM),这是把陶布曼的策略应用到股票上的更好的例子。高通最著名的就是它的无线技术产品和服务,它不是像戴尔那样的商品科技公司。戴尔生产电脑,而把其他公司(包括高通)的技术使用到它的产品中。不同的是,高通拥有重要的知识产权(IP),它是创新者,而且有大量的专利,许可世界顶级公司使用它的技术。

当我第一次注意到高通的时候,我看到的是它的股票被大量回购,产生了很大的收益,有强劲的资产负债表,管理出色,拥有大量股份,由创新科技带来的专利宝库。该公司收益的增长非常可观。高通唯一没有的就是和苹果的关系,而苹果是世界上最出色的科技公司。

我知道我可以以很合理的价格买到高通的股票,而且我相信,随着时间的推移,股票会升值,相对于我当初的投资是非常不错的收益。但是,我想知道,什么样的预期才是正确的?除了超过估计收益的预期，或者新产品周期的预期，什么因素才能把股价推向比我预期的更高的水平？一言以蔽之，就是苹果公司。如果高通能和苹果形成良好的关系，它的增长无疑会加快，而且会带来更高的收益。这说得通，毕竟，其他无线产品生产商都是高通的客户。

这就是后来发生的事。高通和苹果的重要合作开始于苹果把高通的技术用在 iPad 2 和之后的 iPhone 4S 上。它们的关系稳步提升。虽然陶布曼不热衷于股票投资，但是我认为他会赞成：风险有限、预期正确的高端房地产投资可以把不错的收益转变成惊人的收益。

第八章　21世纪属于中国和商品：小詹姆斯·比兰德·罗杰斯

小詹姆斯·比兰德·罗杰斯的威望远比他的身高要高得多。他不是特别矮小，但是他也不是人们想象中的典型的穿着紧身裤和披风的宇宙超人的形象。他打着领结，穿着挺括的白衬衫和有背带的灰色西裤——掩饰了他有多忙碌。我们在一起的那个下午，穿过了纽约的市中心，一路上不断地停下，罗杰斯得接受媒体的采访。这就是罗杰斯生活的缩影——一位永远在忙碌、永远在世界各地出差（探险）的人，但他永远都能提出投资观点——新想出的或者是根据他的所见所闻所得出的。外界对华尔街的普遍印象就像一幅黑白的、偶尔带点灰的图画，而罗杰斯却与此截然不同。他的背景、他的投资、他对于当今经济礼貌但犀利的言论，以及最重要的，他从事投资的方式——像一位发现新大陆的探险家——让他成为华尔街最绚丽多彩的人物之一。

罗杰斯在亚拉巴马州的小镇——迪莫波利斯长大，这个小镇如此之小，以至于罗杰斯家的电话号码是5。也是在这个小镇，罗杰斯这个自5岁起就工作的资本家，开始了他的商业生涯——收集当地棒球比赛中粉丝丢弃的瓶瓶罐罐。而当他和棒球场混熟了之后，他得到了特许经营权，做起了更赚钱的生意——在少儿棒球联盟的比赛中贩卖花生和软饮料。那时，他才6岁。但是作为一名生意人，他需要的资本远大于收集瓶瓶罐罐赚的钱。所以他的父亲帮忙了，借给了年轻的吉姆（即小詹姆斯）100美元，并期望这笔贷款他能全部偿还。几年之后，罗杰斯还了这笔钱，老罗杰斯永远不会失望。

年轻的吉姆的居住地的文化是比较封闭的，他要做的事是去小镇的另一头冒险——当时亚拉巴马州处于隔离状态，吉姆要去的是小镇上美籍非裔人口所在地——他要去拓宽视野，挑战他的梦想，点燃他的思维。他的思维不仅被意识所点燃，还被他所谓的“华丽的幻想”所点燃，年轻的罗杰斯获得了基瓦尼斯奖学金，被耶鲁大学录取。从美国的南部地区到新英格兰边缘，这让他确信跨越州边界“能让我了解自己很多”，所以之后他走得更远，被牛津大学著名的贝列尔学院录取。在那里，在更多的华丽幻想之中，他的目标不仅仅是成为牛津剑桥划船比赛的参赛队员，而是要当牛津队的队长，这是一个和橄榄球队的四分卫有些类似的位置，需要领导技能。

这不是普通的水上竞赛。牛津剑桥划船比赛起源于1829年，是非常传奇的比赛，以至于可以简称为“划船比赛”。两所学校都和莎士比亚以及冷羊肉一样具有英国特色，而且比后两者更古老。牛津大学创立于900多年前，是公认的以英语为母语国家的第一所大学，而剑桥大学相对来说要年轻一些，创立于13世纪。在一个以弘扬历史为荣的国家，罗杰斯做队长的心愿就显得非常激进了，仅有的另外一位在划船比赛中当过队长的美国人没有成功越过终点线，还沉了船。不顾牛津大学很多传统主义者的反对，而且得到了那些最重要的人的支持，罗杰斯得到了队长的位置，在他很长的成就清单上又加上了一个胜利。

从耶鲁毕业，入学牛津之前，罗杰斯曾在华尔街的多米尼克和多米尼克公司(Dominick & Dominick)做过暑期实习，多米尼克和多米尼克公司是纽交所的创始成员之一，在这个过程中他爱上了投资。似乎对他来说，对于一家公司，“如果你能看到未来，预见将会发生的事并且进行投资，你就可以赚很多钱”。但是职业生涯必须等待——使命的召唤。作为越南战争的反对者，罗杰斯没有兴趣服役，但是他还是从军了。为什么？为了运用自身优势来占服役的便宜继续投资。迪莫波利斯征兵局的领导是一位女性，她在之前的战争中失去了两个儿子，因此她认为身强体壮的男性没有理由服兵役。因此，抱着赌一把、把参军当旅游的心态，罗伊斯决定入伍，这样他就可以选择服役的部门和地点。他的学历让他成为中尉。作为长官，他有时间去市场上投资。他做得太出色了，不久之后，他的指挥官也来寻求他的投资建议。

华尔街在 20 世纪 70 年代陷入困境，经历了自大萧条以来最坏的熊市，而当时计算机技术正在改变投资行业的方方面面。那是对每个靠市场谋生的人来说都非常悲惨的时期，但是对那些行业新人来说，比如罗杰斯，那是一个提供了绝佳的学习经历和机会的时期。退伍之后，罗杰斯任职于 Arnhold and S. Bleichroeder，这家公司是公认的投资行业最有威望的公司之一。1973 年的一天，罗杰斯结束了他的全职工作，和一位与他所受的教育截然不同的同事共同创立了量子基金。这位同事是乔治·索罗斯，在 10 年的时间里，标准普尔的累计增长不到 47%，而他们二位的投资组合实现了惊人的 4 200%的增长。

不用说，他们二位都积累了财富——“比我想过的多得多。”罗杰斯说。这也是为什么他认为他会“放弃全职工作，然后有了新生活”。这是 37 岁的他所做的事——当大多数人还没有到达他们职业生涯的一半时，罗杰斯就已经离开了全职工作。

逍遥骑士探索世界

罗杰斯太忙了，不能被称为一个“退休之人”，这个词让人联想到一个悠闲度日的人，而不是一个高产的人所追求的。事实上，有人可能会说他退出量子基金只不过是换了个地方，也没有浪费之前的努力。他仍然管理着自己的投资组合，还担任哥伦比亚大学商学院的金融讲师，同时在早期的金融脱口秀节目中分享他的投资智慧。

到了 1990 年，他准备跨越更多的边界，探索更大的世界。事实上，他骑着一辆摩托车去环游世界了。他的时机非常好，因为从 20 世纪 80 年代起，世界上两股力量——中华人民共和国和苏联开始敞开大门。在中国，邓小平早些时候重申了“四个现代化”[1]，中国开始发展起来。罗杰斯成功得到允许穿越中国，而且还拍摄了这段经历。罗杰斯猜测，也许正是他的这部影片，让苏联政府允许他骑着摩托车穿越苏联。在任何场合，只要罗杰斯谈及他穿越6个洲、10万多英里的环游时，都会提到中国和苏联，这些故事在他写的冒险经历书籍——《投资骑手》(*Investment Biker*)中都有提及。

对罗杰斯来说，他的冒险经历不单单是骑行本身，不仅仅是他看过的地方、去过的城市、参观过的纪念碑和吃过的食物，也不仅仅是相遇、危机、偶尔的危险，还有死里逃生。“如果我是一名橄榄球运动员，”他说，“我就会环游世界，寻找橄榄球比赛。”但是他不是橄榄球运动员，他是一名天生的投资者，他环游世界是为了观察，去寻找投资机会。

旅行让他回想起在华尔街暑期实习时的快乐——投资给予他发现的乐趣。他觉得这就像他骑着宝马摩托车环游不熟悉的地区，穿越那些声音和笑容都很新奇的国度一样。“如果我到达一个国家，能预见这个国家未来会发展得很好，我的反应就是去市中心，看一看那里有没有证券交易所。如果有，我就要开始投资了。”

探索、激动、调查，这三个词概括了罗杰斯的投资模式。他的观察和直觉总是很有用，他没有理由抛弃它们。但是，罗杰斯也不是完全依赖这些直觉和感觉。他考察事实，然后他会带着一些怀疑，筛选大量的数据来源，确保数据的准确性和他自己分析的合理性。“细节是任何想要超越传统思维的人的基本工具。”罗杰斯说。他说自己“会阅读能得到的所有文件”来增加新的视角或完善一项调查。

他的搜索不局限于一般的投资文件。罗杰斯是一位执着的读者和分析师，也是新闻的批判者，而且他看到了新闻业在几十年间的巨大变化。他还知道如何反复核实参考文献，然后决定他要采用什么样的资料。他

[1] 1978年12月，邓小平在一次演讲中正式提出“四个现代化”——农业、科技、工业和国防现代化。这可以被视为中国改革的开始。

还是一个好学历史、尊重前辈、追随潮流的人。这是他——用他自己的话来说——“总是寻找熊市”的理由。对他来说，其他人不感兴趣的投资机会是他寻找好买卖的地方。

所有的一切——历史、时事、公开的事实、其他人看不到的机会——都成为罗杰斯做出投资判断和最终决策的评估基础。摩托车环游不仅给了罗杰斯幸福的经历和可以写成书的冒险经历，还帮他充实了他的投资组合。虽然，他在汤加被囚禁9天[1]，但这样的经历让罗杰斯越发想要旅行和发现更多的投资机会。“我想再来一次，”他说，“这一次开车旅行，要进行更长更好的旅行。”他计划要来一次千年探险，带上他当时的未婚妻、现在的妻子——佩奇·派克(Paige Parker)。他们于1999年出发，走过了15.2万英里，经过了15个战区，有时候必须通过大量的贿赂来打通这些地区的关系。对这次旅行，罗杰斯又写了一本书《冒险资本家》(*Adventure Capitalist*)，并且又做了很多投资。2003年，罗杰斯和佩奇迎来了他们的第一个女儿，所有的事情发生了改变。罗杰斯说，他人生中最棒的冒险开始了——当父亲。当我问及他的巨大收获时，罗杰斯说这是他最好的投资和成就。

一位父亲的礼物

探险者和投资者相似的地方是关注未来，因为探险者总是想走得更远，翻过下一座山，而对投资者来说，他们打赌的就是未来，未来也是他们获得回报的时候。吉姆·罗杰斯是一位出色的探险者和天生的投资者，因此他对未来是双重关注。而作为一名父亲，他也更关注未来，他关注在未来他的孩子的居住地。像所有的父母一样，孩子未来的幸福和成功对吉姆·罗杰斯来说尤为重要。

这就是为什么罗杰斯写了他的第五本书——《给我孩子的礼物：一位

---

〔1〕 罗杰斯被毫发无损地释放了，也无须支付赎金，但他和追捕他的人都认为他最好尽快离开汤加。

父亲的人生与投资经验》(*A Gift to My Children: A Father's Lessons for Life and Investing*)，这是他多年来从很多活动和多次旅行中得出的经验总结。

这也是为什么，从真正意义上来说，作为父亲——还有罗杰斯对他孩子的未来的关注——成为他投资中国的动力。

看好中国

在第四章，读者们认识了另一位著名投资人——吉姆·查诺斯，他做空中国在21世纪初发生的建筑潮。

吉姆·罗杰斯可能会同意查诺斯的一部分看法：建筑潮以及伴随而来的通胀必须得到“修正”，但是他对中国的未来一点儿都没有怀疑。如果19世纪是由帝国主导的，20世纪是属于美国的，罗杰斯认为，那么21世纪——在他看来，毫无疑问——是属于中国的。

他在很早以前第一次环游中国的时候，就感知到了中国的潜力，当时传统观点认为，在中国投资是个很糟糕的想法，罗杰斯的想法却截然不同。当他骑着摩托车穿越似乎没有尽头的中国大地时，从乡村到迅速发展的城市，他看到的每件事、对话过的每个人都让他感受到这个国家的潜力。

如果他必须用一个词来概括中国的话，这个词是“自律”。罗杰斯看到人们起早贪黑地工作，努力提高自己，永远准备向着繁荣再迈一步。他与那些比他们的父辈、爷爷辈更有决心创造更好生活的大学生交谈，他了解到中国的10亿劳动者把他们三分之一的年收入储蓄起来——这是美国储蓄率的10多倍。他注意到中国举国上下都在学习英语和日语，把精力投入可以创造财富的地方。

罗杰斯知道中国有一群生来就会做生意的人，对经商有着很强的直觉，有着商业创新的本领，对财富和权力很渴望。1990年，他认为他看到了经过400年的压抑和衰落以及一开始的犹豫之后，这种天性再一次被释放。他开始相信中国，“中国会发展得很好”，中国人很快会夺回他们的地位——“矗立于全球最优秀的经济体之中。”这样一个国家怎么会不发展呢？罗杰斯问自己，他的回答是：开始投资中国。

2007年，罗杰斯的大女儿已经4岁，而小女儿尚在孕育之中，他准备进一步证实自己的选择。如果21世纪是属于中国的，他想让他的孩子享有在中国长大的优势。除了在亚拉巴马的一些土地，他出售了所有的美国资产。他还出售了所有美国证券，增加了一笔美元头寸——这是他除了在2008年做空花旗银行、住宅建筑商和房利美的投资以外，唯一在美国的投资——这是一次有先见之明的成功做空。罗杰斯还出售了他和妻子以及大女儿居住的纽约住宅，把家搬到了新加坡。

为什么是新加坡呢？罗杰斯和他的妻子认为中国大陆有些太大了，而且环境可能对两个美国孩子来说有些困难。新加坡处于中心位置，比较方便，人口比较国际化，当地的秩序、优质的学校、医疗和市民生活各方面的高效率都很出名。最重要的是，这是个他的孩子“能够说着普通话长大的地方”，罗杰斯认为这是他能给予孩子的最重要的礼物。“我将多花些钱，”他说，“确保我的女儿们能够上中文学校，因为我能给予这两个出生于2003年和2008年的孩子最好的技能就是了解亚洲和说流利的普通话。到目前为止，这是一笔非常不错的投资。”如今，他的两个女儿普通话说得非常流利，这对两个年幼的孩子来说是不小的成就，而他的大女儿在中英双语学校里，成绩名列前茅。

罗杰斯在中国的投资涉及方方面面(除了和建筑潮直接挂钩的公司)。他的投资还延伸到了中国人在接下来几年中要想加快回到“全球最优秀的经济体”之列所必需的大宗商品。

大宗商品的联系

罗杰斯在新加坡并没有很多时间是在家中度过的。他不是在纽约的晚宴上讲话，出席上海的会议、东京的会议、首尔的论坛，就是在旧金山发表主旨演讲。他喜欢发表自己的观点:终极资本家会提高他的品牌力量和知名度。

你亲自见到的罗杰斯就是你在电视屏幕上看到的吉姆·罗杰斯。他的眼里有狡黠在闪烁,就好像在告诉你,他是来玩的,而且他好像确实如此。为什么不呢?吉姆·罗杰斯如今已经取得了不可估量的物质成功,还有幸福的家庭生活。快乐自信而健谈的罗杰斯有着南方绅士的品格,但是他又有着乐天派的无忧无虑,不需要拐弯抹角地说话,或是迎合当今潮流。

而且他确信金融业"将会成为一个糟糕的投资领域"。金融业大势已去。"当我还在耶鲁和牛津的时候,"罗杰斯说,"没有人想进入市场,也没有人进入市场。牛津的学生开始在他们的寝室里做对冲基金。1958 年,美国培养了 5 000 名 MBA。"罗杰斯继续说:"而当时世界上其他地方都没有 MBA。现在我们培养了 20 万名 MBA,而世界上其他地区也培养出了 MBA。"结果呢?"我们过度竞争了。金融机构由于政府的税收和金融管制已经备受压力了,而且还有数额惊人的全球债务。所以我们即将进入一个金融相对衰退,然后绝对衰退的时期。"事实上,有人可能会说这一趋势已经发生了。

所有这一切意味着什么呢?罗杰斯说,意味着"未来 30 年可能你能找到的最好的工作是做农民",意味着大宗商品生产商的时代会再次到来。金融中心作为世界经济引擎的那段很长的时期已经要结束了,在历史的进程中,这样的时期就是会定期结束,而生产大宗商品的中心将会主导经济。

罗杰斯解释道,目前美国农民的平均年龄是 58 岁——肯定处于生产活动的后端;而在日本,大面积的农田都是空着的,因为当今的日本年轻人都涌进城市从事金融行业。"日本的情况太糟糕了,他们甚至雇用中国的劳动力种田。"罗杰斯称。很明显,日本这个以文化冷漠闻名的国家,对于年轻农民的需求是极大的,他们甚至愿意雇用中国公民。

而这样的需求几乎在世界各地都有。"截至 2008 年,经过 10 年的牛市,人们应该带来新的产能——大宗商品的新的供应,但是并没有。”罗杰斯说道。在这些大宗商品中——石油、铁矿石、铜、水泥和食品,罗杰斯指出,“正常应该到位的供应却没有到位”。对罗杰斯来说,就算对商品的需求持平或下降的信号发出了,供应却在下降,意味着价格会飞涨。简而言之,用罗杰斯的话说,这就意味着“未来最好的金融投资应该是大宗商品”。

所以,大宗商品是现在罗杰斯所投资的。

当然,在接下来的几十年里,中国会是大宗商品关键的需求国之一。今天,中国人均消耗的石油是美国的十分之一,但是随着中国经济的继续发展,工业方面对能源和铁矿石的需求肯定会增加;建筑方面,对水泥的需求也会增加。越来越多的农民离开农村涌入城市意味着对粮食的需求也会增加,而中国的可耕地相对来说比较少。

罗杰斯说,所有这些都不是新信息。经济在历史上就像坐过山车,他曾经从中获得巨大收益。当新时代到来,机会属于他的孩子。罗杰斯投资的是他看到的他的孩子的未来,以及他们未来取得成功的能力。

经验总结

几十年来,吉姆·罗杰斯始终是世界顶级大宗商品投资人之一。虽然他一般都是做多大宗商品,但偶尔他也做空;他从不是“死多头”——这个口头语一般用来形容总是看好股市的人。所以当罗杰斯说中国是未来,而未来大宗商品是很重要的时候,一定要相信他。

毫无疑问,如果罗杰斯没有在中国度过那么长的时光,参观了主要城市和二三线城市,他也不会如此执着于他在中国的投资。他告诉我,他的分析的一个关键因素就是脚踏实地。毕竟,一个对新兴市场投资前景有想法的人,怎么能不实地考察呢?经济方面的新闻并没有说出完整的股市情况,罗杰斯十分确信地认为,不完整的股市对一位投资者来说是不够的。诚然，据说财务披露都是详尽的，政府公布的数据也是被默认准确的[1]，但是只看文件会遗漏一个地区的特殊情况，缺少对经济活动的生动场景的描述。仅仅依靠文件会忽略一位投资者可以从与当地商界人士和普通人的交流中得到的信息，而这样的交流能让你了解他们的生活方式是怎么改变的，以及他们对未来需求的预期是怎样的。只有脚踏实地和对相关文件的详尽审查结合起来，才会呈现出一个经济体的真实一面。

罗杰斯提出了一个不争的前提。毕竟，有谁会质疑那句真理——"所见即所得"呢？但是，遵循罗杰斯的名言肯定需要耗费大量资源——远远超出普通投资者所拥有的资源。另外，不是每个人都相信实地考察对于针对投资理由的彻底研究是非常重要的。查克·罗伊斯也出现在这本书中，他认为不要与他正在调查的公司的管理层交流，因为他相信他们不能完全做到公正。也许更好的例子是吉姆·查诺斯，他从未去过中国，但他就是坚定地做空中国的房地产开发商。所以谁是对的呢？对普通投资者来说，有个好消息——他们全是对的。如果你愿意，可以去中国旅行，或者说你想省机票钱，可以利用网络做调查。网络上全是信息，不论是中情局世界概况（CIA World Factbook）（很好的信息来源），还是其他的正规文件。一定程度的尽职调查是必要的，这样你对自己的股票头寸才能有足够的自信，决定你持股时间的不是股价波动，而是基本面。

那么罗杰斯究竟看中中国的什么呢，能让他把家搬到亚洲去？故事是这样的。中国有着14亿人口，是世界上人口最多的国家。很少有人用固有的眼光看待中国，至少从经济的角度来说是如此。根据《福布斯》2011年9月发布的数据，中国有146位亿万富翁[2]，仅次于美国，虽然美国有400多位，远超中国，但是中国已经领先那些资本主义发达国家了。在中国涌现的上层阶级背后是迅速发展的经济，过去几十年的GDP增长率达到8%～10%，这是一个惊人的数字，尤其考虑到中国在2011年超越日本,成为世界第二大经济体。当几乎每个国家同期都在经历经济衰退的时候,中国的GDP增长率还能如此之高,就更令人惊叹了。但是这种高速增长会继续吗?罗杰斯会大声告诉你:会的!当然,他也承认中国会经历很多挫折,就像美国经济增长的时候一样。把中国人想象成衣衫褴褛的贫困农民是错误的。大量的农村人口迁移到城市带来了家庭财富的增长,也导致了壮观的、前所未有的建筑潮。商品消费的持续增长引发了购买力问题。一个人均GDP排在世界第125位的国家怎么会实现这样的增长?没问题的,中国比其他任何一个国家都有更多的资金和更少的债务。

总结一下。随着中国的发展,它将消耗更多的石油、商品和粮食——所有东西。而中国不是唯一一个人口众多、增长迅速而且需要更多资源的国家。印度紧随其后——不论是人口规模还是对资源的需求。印度之后是俄罗斯。同时,发达国家——美国、日本、德国、法国、意大利等,虽然增长缓慢,但是对所有大宗商品的需求并没有减少。

这是绝对的经验总结,也是吉姆·罗杰斯的投资理由。大宗商品的供应有限,但是有更多的国家和人民需要消费。中国有长远的目标,而且已经先发制人。比如,根据国际能源署(IEA)[3]的一份报告,中国的石油消费正飞速增长,从2010年的每天907万桶到2012年估计的1 013万桶。因此,中国通过投资世界各地的很多能源公司,交换它们的生产,锁定了大量、长期的原油供应。根据IEA[4],2008年中国花费182亿美元收购能源公司,2009年增长到294亿美元。2010年和2011年的收购依然保持在高水平,虽然写到这里的时候没有获得数据。这些交易有很多形式,包括生产贷款、购买租赁权或直接购买。不管结构如何,效果都是一样的——会减少供应、抬高价格。

这就是吉姆·罗杰斯的投资依据——由中国和印度等新兴经济体驱动的全球增长。脚踏实地对于意识到这一点有用吗?不尽然,但是确实有帮助。如果普通投资者效仿罗杰斯的投资行为会觉得很有安全感吗?可能会,这取决于他们的时间和对波动的承受能力。大宗商品投资是罗杰斯看好中国增长前景的一个金融工具。这不是个太糟的做法,虽然2011年中国的经济繁荣依然持续,但是同期股市下跌了20%。然而,由于前面提到的波动率和潜在损失,大多数投资者对于大宗商品投资没有把握。记住,一笔投资无论再怎么科学、安全,都是有风险的。写到这里的时候,罗杰斯的做多大宗商品和货币投资组合受到他做空美国科技、新兴市场股票和欧洲股票的对冲。考虑到他的长期观点,我想很长一段时间他的投资组合不会有太大的变化。

作为一名个人投资者,如果你不熟悉大宗商品市场,也许参与大宗商品市场热潮的最好方式是购买在全球证券交易所交易的股票。比如,在美国上市的股票中,很明显可以考虑的包括:建筑设备和采矿机械生产商,比如卡特彼勒公司[Caterpillar, Inc.(CAT)];土壤肥料生产商,包括加拿大钾肥公司[Potash(POT)][5]、加阳公司[Agrium(AGU)]和美盛公司[Mosaic(MOS)];受益于油价上涨的众多能源公司,包括埃克森美孚[ExxonMobil(XOM)]和雪佛龙[Chevron(CVX)]等。但是,记住这些公司不是大宗商品的专营公司,它们的商业利益和很多因素相关,全球经济增长是其中最重要的一个。另外,许多交易所交易基金(ETFs)和交易所交易票据(ETNs)都能更准确地追踪特定大宗商品行情,包括白银、黄金和粮食等。前面提到的所有投资都不是推荐,因为风险承担水平是个人的问题。还是那句老话,自己做功课,听一听你信任的顾问的意见,或是听取职业投资人的意见。

〔1〕包括吉姆·查诺斯在内的一些人会对政府公布的信息存疑。

〔2〕www.forbes.com/sites/russellflannery/2011/09/21/u-s-vs-china-rich-lists-america-is-still-winning-for-now.

〔3〕http://omrpublic.iea.org/currentissues/full.pdf.

〔4〕www.iea.org/papers/2011/overseas_china.pdf.

〔5〕一家中国国有企业表达了收购加拿大钾肥公司的兴趣,但是迫于加拿大萨斯喀彻温省政府的压力放弃了,萨斯喀彻温省占据了全球25%的钾肥供应。

第九章　机会就在你找到它的地方：R. 多纳休·皮伯斯

唐·皮伯斯（即多纳休·皮伯斯）身材高大，而他的抱负以及成就和他的身材一样高大。他给自己设定了30岁成为百万富翁的目标，而且比预期早3年实现了目标。他带着自己的天赋去了佛罗里达，重新定义了迈阿密海滩的精神和外观。皮伯斯公司（Peebles Corporation）是美国最大的美籍非裔房地产开发公司，在全国拥有数十亿美元的开发项目，包括写字楼、酒店、住宅、多用途的综合楼群等，都非常著名，正如皮伯斯所希望的，“这不仅仅是砖和瓦”。用房地产术语来说，这些是A级房地产。

准备好，纽约。唐·皮伯斯来了，他准备利用他看中的这座城市的“独特创造力和个性”，他很渴望在这里做生意。他去纽约的时候准备充分，找好了人脉。皮伯斯曾在长岛著名的汉普顿酒店度过了一段较长的暑期时光，在商界和政界有权有势的人士中有着很广的人脉，这些人可以帮他在纽约或是其他市场做生意。皮伯斯自己对国家和地方的慈善事业也有所贡献，而且是克林顿、奥巴马等总统尊敬的政治捐款者。

但是皮伯斯在成长过程中，认为他可以取得的成就，用他自己的话来说，是没有“限制或障碍”的。而纽约是所有市场中最大的，给予了唐·皮伯斯更大的空间去延伸他的梦想、考验他的勇气。

没有限制

这不是一个白手起家的故事。他的财富最终物质化了,从未体验过贫穷。在他5岁的时候,父母离婚了,只剩他的还要工作的母亲抚养他。他的父亲是一位美国政府档案管理者,除了每月的抚养费以及把皮伯斯纳入政府提供的医疗保险中,对于抚养皮伯斯他没有给予多少资金支持;而皮伯斯没有体会过贫穷的滋味,是因为他的母亲努力地挣钱养家。皮伯斯看到了父母的经历,他知道谋生是多么艰难,经济不稳定是多么令人沮丧。皮伯斯看到他母亲白天做秘书工作,晚上还要读夜校,才能获得房地产从业资格证。他们搬到底特律之后,与家族离得更近,皮伯斯看到母亲在房地产行业取得成功,但是不幸的是,没过多久,他们就重回华盛顿特区定居了,他的母亲又要艰难地工作。皮伯斯感受到了生活的起起伏伏。

他的父母都非常聪明,用他的话来说,"很有企业家精神"。他们努力工作,但是他们的努力并不能获得他所了解的那种财富。皮伯斯认为,一个人的能力有多大,就能获得多少财富,然而他的父母并不足以达到这个水平。他理解一位母亲在努力追求远大目标的时候,独自抚养孩子是非常大的限制因素。17岁的时候,他对自己发誓,没有这些限制,他将寻求并获得能够保证"一切皆有可能"的金融手段,没有挣扎,没有担忧。机会就在那里,他心中唯一的问题是:不要如果,而是现在。

他从不怀疑自己能成功。他从小就被教育:在前进的道路上没有界限或障碍。而他的经历也证实了这一点。他的祖父总是告诉他:"在美国,你想做的事情是没有限制的。"他的美籍非裔祖父,出生于种族隔离的南部,一辈子都是华盛顿喜来登酒店的看门人[1],没有人能解释为什么他会有这样的信念。但是这位看门人把他5个女儿中的4个送进了大学,而且他看到自己的女儿不是成为专家,就是成为专家的妻子。

---

〔1〕 这家喜来登酒店后来成为万豪酒店。皮伯斯现在拥有华盛顿特区万豪会展中心酒店的庭院。

皮伯斯生于1960年,在他还是小男孩的时候,美国的民权运动达到高潮,而当他成年的时候,是机会迅速发展的时代。从童年时代开始,皮伯斯就在政治方面活跃,而他的母亲也积极参与政治。16岁时,皮伯斯成为美国国会议员的青年助理,接着是加利福尼亚州国会议员罗恩·德勒姆斯(Ron Dellums)的实习生和密歇根州国会议员约翰·科尼尔斯(John Conyers)的助手。如果他有榜样的话,应该是在他之前的一群有威望的美籍非裔人士,展现政治才能,不仅是为了这个充满机会的新时代,而且是为当时的所有问题发声。而当时有很多重要的问题,包括越南战争的余波以及签订《不扩散核武器条约》。这是令人激动的,而且"提高了水准",皮伯斯这样描述当时的经历。这教会了年轻的皮伯斯"人际关系的力量,以及它是如何让政治运作的"——关于未来的重要一课。皮伯斯将会证明他是一个好学生。

事实上,这一课正如皮伯斯所说,是"很亲密和私人的",掌权以及世界运作的方式如此深刻复杂,作为一名罗格斯大学的医学预科生,入学一年后,他退学了。他回到了他在华盛顿的家,他的母亲当时正经营一家小型房地产评估公司。皮伯斯回忆道,在那些日子里,这家公司的管理较为松散,而做学徒是一个获得必要专业知识的常规方式,所以他成为一名学徒,但最终皮伯斯单干了。1979年,成为受许可的中介之后,他还开始销售房地产。因此,从某种意义上来说,这些点点滴滴拼凑起来,促使他朝着30岁成为百万富翁的目标前进,但除了其中重要的一点:从政。

不像评估行业,房地产投资是一个高度管理的行业。正像皮伯斯在接受采访时不止一次指出的,房地产投资是"地区性业务……主要受到地区经济和土地使用指导的驱动"。[1] 出于这些原因,做正确的投资需要与政府机构以及这些机构中能够促成投资的人频繁接触。这就是政治,也是唐·皮伯斯知道他接下来要去的地方。

那是1982年。华盛顿市长马里恩·巴里(Marion Barry)在第一轮任

[1] "史蒂夫·福布斯采访皮伯斯",Forbes. com,《智慧投资简报》(Intelligent Investing Briefing Book),2008年11月4日。

期中在高效管理方面取得了巨大成就，但是犯罪率上升，而且有一些小丑闻。之后他参加了连任选举，在初选中面临着三大挑战。财阀集团选择的候选人是帕特丽夏·哈里斯(Patricia Harris)，她是一位见多识广、温文尔雅的律师和公务员，几乎没有污点，之后成为吉米·卡特的内阁成员。

在这次竞选之前，皮伯斯不是很了解巴里市长，但是随着他越来越多地参与政治活动，他们的关系变得很密切。除了相信巴里是市长一职的正确人选，皮伯斯还看到了参与当地政治的机会，而这样的关系能够助力他的房地产生意。皮伯斯决定和巴里共命运，他组织并赞助巴里的竞选活动。但是初选进行两天后，他安排的筹款早餐显示出了他与生俱来的政治天赋，对于有经验的政客，此举很有策略；但是对于一位22岁的新人来说，就很令人刮目相看了。正如皮伯斯所料，巴里以压倒性的59%的选票赢得了初选，皮伯斯还推测，这就意味着哈里斯在商界的支持者将会迫不及待地参加巴里的筹款早餐，改善与巴里的关系。这确实是后来发生的事。这个500美元一盘的早餐只有站位，唐·皮伯斯把候选人巴里介绍给了一屋子的商界和社区领导。

回报很快来了。皮伯斯被任命为华盛顿财产税上诉委员会的成员，审理商业地产业主年度纳税评估的争端，一年后他成为委员会主席。他实施了一系列改革，大大改善了委员会的运作模式，同时也美化了顶端人物——巴里市长的形象，这正是皮伯斯的用意所在。[1] 同时，他继续他的评估工作，在1983年成立他自己的评估公司。毫无疑问，皮伯斯在工作中建立的人际关系以及对房地产的眼光帮助他维持了稳定的客源和可观的收入。虽然他入学一年后就退学了，但是在房地产生意和政治方面，他绝对是一名好学生。

这两方面他都做得很好。1986年，一位房地产经纪人找到他，邀请他

---

〔1〕 有时，巴里市长的形象需要全方位美化，因为他和他的政府成员被指控吸食可卡因，他的第一任妻子和他亲密的助理们被指控腐败，其中一位承认有罪。他当然也有闪光点，他发行了该市第一份很受欢迎的债券，在民主党全国代表大会上有发言机会，曾介绍过候选人杰西·杰克逊(Jesse Jackson)，还发起了很多社会开发项目。巴里最终担任了四届华盛顿市长，最后一届是在因持有毒品而坐牢6个月之后。然而，《华盛顿邮报》认可他的前三届表现，而且他在每一次选举中都是以压倒性票数当选的。

参与一个在安那卡斯提亚（Anacostia）建造商业建筑的项目。安那卡斯提亚是华盛顿特区一个历史悠久但是被忽略的地区，几十年都没有建造过商业建筑。双方价格悬殊——买家出价 75 万美元，卖家要价 90 万美元——这个房地产经纪人找到皮伯斯是希望他能拯救这笔交易和他的任务。皮伯斯看到了机会，并且意识到他应该成为主要人物，而不是协调者，所以他同意了卖家的价格。这不是一个想要拥有首个重要地产才做出的草率决定，虽然年轻，但唐·皮伯斯在房地产价值评估方面已经是个行家了。而且事实证明，他对于这个房地产价值的评估是合理的，他很确定政府有兴趣在该地区建设办公区域，期盼该地区的重新开发，而皮伯斯此举当然得到了巴里市长的支持，而且巴里市长也因此获得好评。

皮伯斯还得到了其他人的支持，提供了必要的资金，减少了他的风险，还留给他 50%的股份。他对这个项目的贡献可以说是找到机会、筹款以及促成交易。今天，他仍然拥有该房地产的所有权，而政府仍然是租户，以租金的形式为皮伯斯提供了很不错的收益。

所以皮伯斯的第一笔交易——在马丁·路德·金大道 2000 号的 A 级写字楼，为皮伯斯今天的成就打下了基础。它也让皮伯斯确定了未来交易的原则：卖家的价格只要公平合理就可以；任期；其他人的钱。在这笔交易中，皮伯斯还确认了自己参与政治的能力和这样做的重要性。他也学到了，用他自己的话来说，“一笔交易中最重要的事是找到交易。你可以让任何人去执行，但是做这笔交易是特别之处”。总的来说，安那卡斯提亚的开发项目为皮伯斯以后的交易建立了大框架——找到并评估机会，融资，解决让其他开发者陷入困境的难题，使项目圆满盈利。

皮伯斯过完 27 岁生日后没几周就成了千万富翁。也许比他积累的财富更重要的是，他可以运用于未来交易的思路。他证明了他有实现自己的目标的最重要的品质——看到其他更有经验的人看不到的机会的远见卓识，以及乐于尝试的态度。从他的家人身上，他看到了自己给自己设置的障碍，这些障碍要么在现实中不存在，要么可以用恒心和计划去克服。在接下来的三年里，他收购了更多的房地产，创立了一家纳税评估上诉公司，偿还了他的贷款，在使馆街买了一套几百万美元的房子。在 1992 年的竞选之夜，他和比尔·克林顿在安那卡斯提亚；之后他是巴拉克·奥巴马的资助者，也为奥巴马团队提供建议。

找到交易

唐·皮伯斯努力参与他所谓的“变革项目”。他是一个无所畏惧的资本家，想尽可能多地盈利，他对于每个项目的首要考量是潜在收益。但是在房地产方面收获了巨大的成功和名利之后，作为一名极富有、人脉关系广的商人，并不是任何项目都会令他感兴趣的。“我想参与其中，”他说，“大项目对我很有吸引力，那些超越了一砖一瓦、有象征意义的大项目。”皮伯斯公司体现了他的理念。正如他所说的，他是“营销这一观点的工程师”。因此，只有那些能让皮伯斯产生共鸣的项目才会得到他的公司的青睐。

这也是为什么每个项目都是全新的开始，为什么他总是觉得自己像个企业家。有些生意只要个人有想法，然后年复一年地重复就可以成功，或者是个人继承的企业，仅仅是为了保护家族的生意。而皮伯斯从事的房地产开发远非如此，每一个项目都是建立新公司。

这当然是他希望每个项目都不局限于钱的原因。不管是什么项目，都有风险，都需要时间和金钱，如果皮伯斯决定承担所有，他就希望有参与感。所以他希望一个项目要么是有社会变革意义的，要么是有着杰出的建筑或设计品质的，或者，两者都有。当然，每一个项目都在为下一个项目做广告——为了得到其他城市的区域规划局的青睐，在它们的城市复制这样的成功；让潜在投资者惊叹于投入的资本和提高的价值；吸引想要与可以落实的人谈成交易的卖家。

皮伯斯在华盛顿从政、从商很多年。他和巴里市长的关系一直很近——至少在巴里市长驳回皮伯斯指望的一笔交易之前。[1] 然而最终，

〔1〕 皮伯斯和巴里仍然保持着友好的关系。

皮伯斯感觉他在家乡想做的事情已经做完了；他了解业内人士，了解商界情况，了解政治。华盛顿作为世界上最大的政治舞台，对皮伯斯来说，想要找到并开发新的项目，还是太小了；他感到，在那里他想要朝新的方向努力的愿望被抑制了。是时候改变了。他和妻子卡特里娜(Katrina)以及他们襁褓中的儿子，曾在1995年去迈阿密度假，他们都很喜欢这个地方。但是除了休闲、享受南方的宜人气候和南海滩的复古，皮伯斯看到了机会。对于一个在27岁就成为百万富翁，而且比他自己定的目标早3年完成的人，一个永远在寻找下一个机会的人来说，这是不足为奇的。极为成功的人是不会有太多闲暇时间的，皮伯斯也不例外。他把美好的休闲时间也用来工作，参观了迈阿密海滨地区的房地产，了解了当地开发项目的文件。这一似乎不太重要的决定将改变下一个十年和他一半的职业生涯，成就了一个标志性项目，提升了皮伯斯的净值和名气，也影响了他的公司和家庭生活，因为他决定把家搬到迈阿密海滩市。

在海滩上

皮伯斯在佛罗里达州的第一个收获——事实上，当他和家人度假期间第一次听说时，就吸引他的房地产——是皇家棕榈酒店项目，由于种族分裂和南佛罗里达不太光彩的种族历史，这个项目在政治上尤为复杂。迈阿密海滩市拥有这家古老的酒店，虽然荒废了，但是这个城市的建筑师说这家酒店结构稳固，而且曾是对一位美籍非裔开发商的补偿。这是这座城市终止对美籍非裔游客抵制的补偿政策的一部分。这一抵制行为响应的是这个城市对纳尔逊·曼德拉(Nelson Mandela)的无视，目的是回应广大古巴裔美籍人士对于时任古巴总统菲德尔·卡斯特罗(Fidel Castro)的积极评价。在这样一个一直到20世纪60年代都存在隔离的城市，不相干的种族小心翼翼地居住在一起，这种共处协议是一种生活方式，或者说至少是一种政治行为。

皮伯斯第一次了解到皇家棕榈酒店，是通过一篇《迈阿密先驱报》

(*Miami Herald*)的文章，不过这篇文章不是关于这家古老的酒店的，而是它的邻居——休克莱斯特汽车旅馆(Shorecrest Motel)。皮伯斯后来有先见之明地收购了休克莱斯特，而当迈阿密海滩市正式开发皇家棕榈酒店时，也开发了休克莱斯特。竞标的过程很长，而且为了满足补偿标准，肯定是有利于与美籍非裔人士合作的主要酒店连锁品牌的。皮伯斯想加入，但是如果他赢了，他没兴趣代表别人去谈生意，这是一种不太有成就感而且不太赚钱的方式。他和任何一位房地产开发商一样，想要让这个项目成为他自己的。

皮伯斯深入迈阿密的政界以及民意圈，阐述他的理由。他对休克莱斯特的收购大大降低了他的风险；如果他没有中标，他可以把这个旅馆卖掉，一走了之。这是个很好的保险策略，因为休克莱斯特对任何开发交易来说都是必要的。虽然皇家棕榈酒店的竞标不是很激烈，但是一些开发商小心翼翼，因为潜在的买家不被允许考察这个房地产，这是规矩。而迈阿密海滩市不管这些规矩，因此皇家棕榈酒店就"按照原来的方式"招标了。皮伯斯的目的就是中标，因为中标意味着他将进军南佛罗里达，他想要传达的信息是他不会离开，而且他可以落实。他想让美籍非裔群体知道这一点，而且他希望迈阿密海滩市的农民们知道。很快，他们知道了，皮伯斯赢得了竞标，拥有了皇家棕榈酒店。

当然，这个建筑并不是别人对他保证的那样结构稳固；事实上，最终的结论是皇家棕榈酒店必须被拆除。历史遗迹保护的问题来了。这增加了项目成本，这是一笔皮伯斯没料到的开支，资金的压力也随之增加。项目延迟了，但皮伯斯渡过了所有难关。可以说，商政结合的产物往往是恶化，人们认为这种恶化让人想逃离。而皮伯斯不会逃离。他理解这是商业的一部分。新的皇家棕榈酒店于 2002 年在南海滩开业了，可以说，这是皮伯斯未来收益的阵地。

事实上，待在迈阿密的这 13 年再加上迈阿密和华盛顿两头跑的那 2 年，皮伯斯完成了一些他最重要、最著名的项目。他还优化了过程，而这和任何一座他开发的建筑一样，成为他的名片。

皮伯斯盈利的方式

皮伯斯的过程从评估开始，评估一个工程如果进展顺利，盈利可以达到多少，以及要达到这个数字，项目需要做得有多好。有了这样的评估，皮伯斯可以量化他可能要承担的风险，因此他可以减轻风险。他说，他是“一个经过计算的风险的承担者，不是一个大风险的承担者”。

出于这一点，他不会避开杠杆。“如果你在创造财富，杠杆就是你最好的朋友。”皮伯斯说道。这指的是“无追索权的杠杆。有追索权的杠杆会带来麻烦”。

如果要做回报/风险评估，皮伯斯第一步会寻找可能被特定项目吸引的市场。在他确定了这部分客户后，他会研究他们最新的以及预期的经济情况。下一步是决定为了吸引这样的客户，他需要建造什么样的项目，谁会和他竞争同样的客户，以及他如何取胜。“我需要一个非常重要的竞争优势去实施一个项目，”皮伯斯说，“如果没有的话，我就放弃。”

在迈阿密，20 世纪 90 年代的开发项目大部分是像南海滩的皇家棕榈酒店这样的，而 90 年代快结束的时候，皮伯斯把目光投向了北海滩附近的一处房地产上。那是位于百万富翁豪宅区（Millionaire Row）的曾经辉煌、目前衰败的巴斯俱乐部（Bath Club），这座建筑建于 1926 年，是一座私人的上流社会白人精英建筑，对犹太人和美籍非裔人士都不开放。1996 年皮伯斯成为它的第一个美籍非裔会员，1999 年拥有了这一房地产，同年，巴斯俱乐部选举出了第一位犹太裔董事长。而这些不是巴斯俱乐部创始人的计划。

皮伯斯把巴斯俱乐部视为有着足够场地、特殊设施的酒店。但是他知道他的目标是非常高端的客户，他判断，这群客户曾被渔夫岛（Fishery Island）吸引。渔夫岛是佛罗里达 3 英里外的屏障岛，据说渔夫岛的人均收入比美国其他任何地方都要高。渔夫岛是那些富人享受私密生活的地方，有着开阔的空间、顶级设施、较少的人口，有种部落社区的感觉。皮伯斯的目标是提供所有顶级服务，除了游艇。

他把自己当成客户，问自己对度假公寓的期望是什么。答案是，他想要如家一般的体验：很大的建筑面积和绝对的私密感。而这些是迈阿密海滩市的公寓所不具备的。因此，他的设想是让巴斯俱乐部为潜在客户提供两大其他地方所不具备的优势：很大的建筑面积以及很大的空间，可以创造有门的私人领地（部落社区加上设施）。巴斯俱乐部成为皮伯斯的高品质、标志性建筑之一，而且是一个经典的房地产项目。

但是风险也很大。刚刚通过的一项公投冻结了所有的地块，因此极大地限制了这一房地产的重新开发。[1] 但是，有这样一个问题困扰已经饱受折磨的业主，使他们现在有更大的动力去尽快把地产出售。有动力的卖家是开发商最好的朋友，但是这不是一个简单的情况，不意味着地块问题带来了很大的风险因素，买家就可以乘虚而入，以为自身的风险受到折价出售的保护。但是如果皮伯斯想要加入的话，这会是他最好的机会，而且他必须毫不迟疑地把自己投入风险当中，虽然他不能确定能否建造自己设想的项目。他对待风险很谨慎，而不是规避风险，他很显然想要减轻他的潜在风险——他希望提前知道风险可以被减轻。他卷起袖子，和他的团队里的律师共同寻找办法。他们共同努力找到了法律漏洞，可以让迈阿密海滩市的委员会对地块的分类施加影响。这就意味着这个项目会依赖于政治情况，这是皮伯斯非常熟悉的领域，他感到很自在，而且取得了很大的成功。他开工了。他认为，最坏的情况就是他可以卖掉这个地产，不自己开发；最好的情况是他可以得到地块委员会的许可，"建造一座标志性建筑，并把它纳入自己的建筑记录"。皮伯斯和每一位能把他的计划变成现实、具有决定权的委员协商，而这将是他的第一个豪华住宅开发项目。唐·皮伯斯清楚，有时候能驱动政客们的是令他们非常讨厌的事，得出于正确的原因做快速的决定。他说服了 7 位委员中的 5 位支持他，告诉他们高端住宅是这个社区最感兴趣的。这时，他知道了结果并且

[1] 地块委员会对于土地利用的标准通常有两大权力。在这个特殊的情况中，地块委员会规定，目前的地产除了用于酒店，不能作其他用途。这意味着开发商不能在这里建造住宅。

已经减轻了风险,他出资拥有了巴斯俱乐部的控制权。

和皮伯斯设想的一样,巴斯俱乐部取得了很大的成功。更多关于皮伯斯成功的信息请参考表 9.1。

表 9.1　　主要项目

已完成	
巴斯俱乐部公寓	迈阿密海滩市
南海滩皇家棕榈酒店	迈阿密海滩市
万豪会展中心酒店庭院	华盛顿特区
林肯酒店	迈阿密海滩市
东北区 G 街 10 号	华盛顿特区
东南区马丁·路德·金大道 2100 号	华盛顿特区
计划中	
拉斯帕尔马斯酒店式公寓	拉斯维加斯

这个项目是高档度假酒店式公寓,占地 13 英亩,位于拉斯维加斯天堂大道(Paradise Boulevard)3550 号。建设的第一阶段包括 100 万平方英尺的酒店开发和 13 万平方英尺的只供出售的单间公寓。

预计酒店将包括大约 10 万平方英尺的会议空间,1 万平方英尺的零售空间,多主题餐厅,若干酒吧区域,室内室外游泳池,3.5 万平方英尺的 spa 区,以及其他设施。

这是皮伯斯带到纽约的理念。在他看来,纽约是“世界上最好的房地产市场”以及“最好的资本市场”。他也想在纽约开展改造项目。他说,就像皇家棕榈酒店“让迈阿密起死回生”一样,或者像他在安那卡斯提亚的第一个项目振兴了华盛顿的一个社区一样,他在纽约寻找“不仅仅是盈利”的项目。在纽约,他说:“你可以收获的不仅仅是成功。”这也是唐·皮伯斯去纽约的初衷。

当然,在纽约成功并非易事,但是皮伯斯的项目从不简单,而且他的交易到处都有。而纽约比世界上任何其他城市都能吸引更多元化的投资人。像皮伯斯一样,这样的投资人想要在世界著名的摩天大楼中占有一席之地,一开始都是接触在曼哈顿拥有几十年房地产的家族后代。他提醒一位咨询者,世界上最有价值的房地产市场最近的项目,都是来自那些新来的人,而不是那些一直拥有房地产的人，而他打破了这些人的统治。然而，他也承认纽约的竞争更激烈，但是这里的机会更多、更好，而且回报更丰厚。辛苦是肯定的，耐心也是必需的；皮伯斯这两点都具备。而且他迅速指出，在他即将进行一笔交易的时候，他并不急于在纽约留下自己的印记。

可以说唐·皮伯斯最大的收获还没到来，而且很有可能是世界上最令人梦寐以求的社区。这将是世界上最大舞台上的一场大型百老汇表演，影响和收益决定喝彩和掌声。

经验总结

皮伯斯在房地产市场的成功带给股票市场的个人投资者什么启发呢？事实上，皮伯斯的成功蓝图适用于任何生意，甚至是任何投资。就是找到一种方式去与你可以利用的机会建立联系，确定你在这个机会中的角色，然后控制你的风险。这总结了皮伯斯一遍又一遍做的事情，收获了上亿的财富。在房地产行业，你的确可以通过其他合伙人的参与来控制你的风险，而如果是建立个人的股票投资组合，这要么不可能，要么不理想。但是原则是什么最重要，控制你的风险的原则在本书中频频出现，因为它对于投资的巨大收益至关重要。

那么如何找到一种方式去与你可以利用的机会建立联系呢？皮伯斯的做法是睁大双眼。他从小被教导，他的个人潜力是没有极限的，他也天生就相信金融机会是没有极限的。他从未被他人无法想象的东西所限制；事实上，你可以说他的职业生涯开始于看到别人不看好的，开始于别人不想花 15 万美元投资像安那卡斯提亚那样破旧的社区。迈阿密的皇家棕榈酒店和巴斯俱乐部同样也是其他人不敢投资的项目，但是皮伯斯看到了使它们运作的方式，以及把机会变成巨大回报的方式。这对于不管是股票市场还是房地产市场都是很好的一课：察觉到可能性，不要因为一笔投资与传统思维格格不入，就错过它；事实上，这可能促使你更仔细地观察它。

一旦你发现了机会，下一步呢？皮伯斯的例子也提供了很好的指导：定义你在这个机会中的角色——你的目标和你的参与。你能参与这个机会到什么程度？这里，我不仅是指你能投资多少，还有你愿意投入多少时间和精力去追踪和监控这笔投资，你将给它多少时间去实现你期望的回报，以及你希望这笔投资在你的资产组合中处于什么地位。皮伯斯从一开始就清楚地知道他能带给一个项目什么和不能带给它什么，而且他知道两者的价值。相似地，在评估一笔潜在投资时，重要的是判断它和你的关系——它和你的投资计划有哪些契合点，你将如何管理它。但是也许最重要的是，在评估你认可而其他人不认可的投资时，保持诚实，因为这将推动升值。

皮伯斯的蓝图控制着一笔投资中的风险。通常在一个项目中，他有一半的控制权，用他的技能作为补偿，也就是发现机会，进行设想，卖给他人，然后按照约定执行。这是很重要也很有价值的技能，但是项目的圆满完成还不止如此。尽管对皮伯斯来说，风险仅限于他的时间，相对较少的支出，以及他的名声。简而言之，就是"风险管理"，而且这在股票市场和开发项目中同样适用。明确什么是你可以损失的以及你可以损失多少，把它与你预期的收益相比较。回报总是比损失丰厚许多。

那么就让我们把唐·皮伯斯的经验总结成一些可以指导你们投资的原则：

1. 一笔投资的理由应该由机会以及总支出决定，而不是当时对价值的评估。在安那卡斯提亚的项目中，一位潜在的投资者放弃了，因为他认为价格太高。显然，这是一个错误。对于股票来说，不要被当时的股价吓跑；股价可能很高，但是在对公司做完调查之后，你可能判断基本面会有所改善，那么也许目前的股价还算便宜。评价一个投资机会不应该去看它能带来多少回报，而是可以产生新收益的潜力还剩多少。换句话说，股票从哪儿来不重要，它要到哪儿去才是决定投资的因素。

2. 不要因为华尔街对一只股票的分析是出售或持有，而不是买进，就不去关注这只股票。小众思维能够带来巨大收获！皮伯斯在巴斯俱乐部的项目中做他自己的功课，最终获得了丰厚的回报。这需要很多努力，但这正是明智的投资所必需的。做你的功课，尽你所能地阅读、调查。重要的一点是，不要忽视负面评价；了解负面评价的原因是为了独立地评估这笔股票投资。分析师一般会有大众心理，而与大众观点唱反调——独立思考——能获得收益。相反，我曾投资过华尔街极力推荐的空头头寸，而预期被华尔街定得太高了。

3. 如果你决定不从众，不要因为是你想向别人炫耀而这样做。记住，皮伯斯对于他所做的关于盈利的事情并不自负。看到了机会而不从众，荣耀和满足会伴随成功而来，但这不是成功的垫脚石。

4. 对自己诚实。皮伯斯在评估自身价值的时候也没有自负；他坚持实事求是地看待自己影响一个项目的能力。对于股票来说，你必须相信投资的基本理由，你有着他人不具备的洞察力。换句话说，如果你知道的只是每个人都知道的，可能这是一笔火爆的交易，这就限制了你的优势。不是因为没有边际购买者把价格推向更高，就是关于价值主张的大众观点太普及(阅读：关于买进的例子)，以至于如果股票行情达不到预期，亏损就会很厉害。如果每个人都想在同一时期卖出，股价就会暴跌。但是如果你的基础方案是“X+”，而不仅仅是X，那这可能是你有与众不同观点的一个充分的理由。但是，不要无视大热股票的附加风险。

5. 对于股票投资者来说，政治关系不太有用，但是与经济界人士的关系对你所选择的投资来说至关重要。皮伯斯在华盛顿的人脉非常广，而且他得到了政府对办公空间有需求的消息。这是一种他从参与房地产市场和政治活动中逐渐培养出的洞察力。相似地，因为他在华盛顿特区的经纪公司中非常有名，经纪人都会带着机会去找他，正是他对市场的了解给了他自信，能够接受卖家的价格。作为股票投资者，你应该和你有意向投资的行业的业内人士经常交流。如果你相信一家零售商是一笔不错的股票投资，就去这家超市问一问销售人员和经理他们的业务怎么样。看一看你能不能了解到他们从公司的其他经理那里得到的业务消息。和这家超市的竞争对手的员工谈一谈。这叫基层调查，而不是内部信息。

6. 皮伯斯通过让外部投资者加入的方式控制他的直接金融风险，他的名声也处于风险之中；如果名声变差，可能会限制他促进未来交易的能力。通过控制缺点来管理你的风险很重要，不管是在市场上继续投资，还是通过未来投资弥补亏损。换句话说，不要投资你亏不起的项目。

7. 从交易的另一个方面来看皮伯斯，得出的经验是把你的投资账户的一部分交给一位专业的理财经理是个成功的策略。当皮伯斯的合伙人渐渐做大时，他开始和个人投资者合伙，而大型机构投资者是皮伯斯交易中的主要资金来源。那些信任皮伯斯的投资者都做得很好。皮伯斯知道如果失败，每一笔交易都可能是最后一笔。并且，像对冲基金经理一样，只有他的投资者盈利，皮伯斯才会盈利，因为他的未来是和项目的成功紧密联系在一起的。

8. 把投资变成你自己的事。不要一味听从别人让你什么时候买进、卖出、补仓或减持。寻求建议当然是可以的，事实上，你应该寻求建议，但是最终，像皮伯斯在迈阿密所做的那样，你必须掌控投资和它的决策过程。

这些投资原则适用于所有资产类别。遵守这些规则会很辛苦，但是辛苦和自律是皮伯斯成功的重要支柱，而且是皮伯斯故事的重要经验。

第十章　从垃圾当中找价值：马丁·J. 惠特曼

教育和马丁·J. 惠特曼有着紧密的联系。惠特曼管理学院(Whitman School of Management)以他的名字命名。在雪城大学,他接受了本科教育,1949 年以优异成绩毕业,9 年之后,他从纽约的社会研究新学院(New School for Social Resaerch)获得经济学硕士学位。

惠特曼在耶鲁管理学院担任杰出管理学者(Distinguished Management Fellow)长达 30 多年,同时,也在哥伦比亚大学商学院和以他名字命名的惠特曼管理学院担任教授。

他的一些书籍已经成为投资和证券分析爱好者的教科书和畅销书籍,能教会他们如何不在市场上输得太惨,如《价值投资:平衡分析方法》(*Value Investing: A Balanced Approach*),还有大量关于很多话题的文章。

另外,他在顶尖法律学院以及全国论坛和管理会议上做了不少关于证券和估值的讲座。

也许从事教育源于惠特曼是 1920 年从波兰来到美国的一个犹太移民家庭中的唯一的儿子,1920 年正是犹太这个极为珍视学习的民族大规模移民的末期。

惠特曼在 90 多年的人生中一直心存感激,感激《退伍军人权利法案》,因为他在第二次世界大战中服役海军四年而有了受教育的机会。

1942 年从军之后,惠特曼一开始在内布拉斯加州的弹药库服役,然后在一艘第二次世界大战期间在太平洋上运送车辆、货物和部队的坦克登陆舰上服役。惠特曼服役期间没有任何作战任务,但是也没有技能培训。他说,他是药剂师的助手,他自己也是"一位有天赋的医师",惠特曼如果没有很早地进入一段被误导的婚姻,本来可以去医学院。战争结束之后,国家让他留在内布拉斯加州,在那里,他被大学录取,准备在他岳父的百货公司工作。很快他离婚了,也离开了内布拉斯加州,回到了东部——他出生在纽约,而且想待在纽约——他在雪城大学学习企业管理,之后在普林斯顿读硕士。

惠特曼还能清晰地回忆起早期学习对他的深远影响:在内布拉斯加州的哈斯汀大学(Hastings University),"关于俄罗斯历史的精彩一课"让他从整体上,比在太平洋上的时候,更好地了解了这个世界。他在雪城大学师从伟大的劳动经济学家——西德尼·苏富林(Sidney Sufrin)。在普林斯顿,关于人口统计学"令人大开眼界的"课程,由弗兰克·诺特斯坦(Frank Notestein)教授,他发明了人口统计学这门学科,惠特曼说,这"帮助我了解了世界运行的方式"。还有"商务语言"——与会计相关的众多课程,这些都成为他投资理念的基础。

然而,那些课程还只是终身学习习惯的开始。惠特曼的言语之间充满了对他从一系列工作中得到的"宝贵培训"和他一路走来学到的"宝贵经验"的回忆,也充满了对他的失败的重要自我反省:当他收购一家叫作股票策略(Equity Strategy)的封闭式基金来分散他的持股时,是如何"愚蠢透顶",还有他在 20 世纪 60 年代后期加入威廉·布莱尔公司(William Blair & Co.)的"错误选择"。然而结论却是,即使有这些他自己描述的智力上的错误,在漫长且卓越的职业生涯中,马丁·惠特曼始终都是华尔街最聪明、最好学、最成功的投资人之一。也许正如他所说的,他的成功来源于"我更关注我失去的东西,为的是从中吸取教训"。[1]

---

[1] 惠特曼不是唯一一个思考自己的错误,并把它们作为未来投资活动的宝贵经验的人。在我的第一本书《价值连城的故事》里,也有人是这样的。

教育附加值：在职培训

毫无疑问，马丁·惠特曼学习了很多而且学得很好。当他离开普林斯顿后，接受了西尔森·汉密尔公司（Shearson Hamill）的入门级工作（这家经纪公司后来和雷曼兄弟一起破产后，被并购了）。理由是这家公司能提供"非常好的培训"，一开始把他分配到审计部工作一个月，然后在每个后台办公室工作一个月，后台办公室的工作是成为分析师的基础。

分析就是把一个事物拆分成多个部分，这样你就可以看到这个事物重要的本质，以及各部分是如何彼此联系的，惠特曼无疑是有做分析的诀窍的。在对木材行业做分析的时候，他遇到一家叫作 M&M 木工（M&M Woodworking）的公司，他注意到这家公司拥有大量的木材，"正在创造价值而非任何收益"。他说，那是一次"顿悟"，教会了他"除了每股收益，还有很多其他创造价值的方法"。因此，他迷恋上了资产负债表，应了解一家公司真正的价值而不是只关注市场根据这家公司的预期增长率做出的估值。市盈率没有包括那些无法产生收益的资产，即使它们在未来可能带来增长，而目前的价值比市场根据一些标准对该公司的估值要高。

惠特曼对于分析的喜好以及他明显的分析能力，还有他所受的教育，在西尔森无法施展，这是一家不做独立分析的经纪公司。尽管惠特曼去了该公司的承销公司（因为"有机会做更多深入分析"），他还是对他可以做的研究等级很失望。他回忆道，很多的尽职调查，"几乎都是假的。一个热门事件导致股票大涨，而所谓的分析只是证实它确实很热门"。所以惠特曼去了知名投资人兼慈善家——威廉·罗森沃尔德（William Rosenwald）的家族办公室，在那里有资深分析师的指导，惠特曼有机会提升自己的技能，而且可以直接学习控制投资、风险管理所需的分析。惠特曼说，这很简单。罗森沃尔德和高层"很关心他们的投资，因为那是他们自己的钱"。因此，他们在投资之前，会认真学习需要学习的一切。

之后，惠特曼去了莱登堡·泰尔曼金融服务公司（Ladenburg Thalmann Financial Services Inc.)，这是一个小一点的公司，会拿它的合伙人和一些客户的钱进行投资。惠特曼是研究主管，而且“跟踪所有东西”——每个部门，每个行业，只要能盈利。他记得曾经在做 R. J. 雷诺烟草公司(R. J. Reynolds Tobacco Company)的分析时，看到了“美国卫生局局长的报告”——当时是 1958 年或 1959 年——而惠特曼自在海军服役起就是个重度吸烟者，他看到这份报告之后，立刻戒烟了。他不是一个超前的人，只是一个深入调查的人，而且关注他发现的东西——这是把终身学习付诸实践。

他在莱登堡的一位同事说服他搬去费城，做一个叫作 Gerstley Sunstein 公司的合伙人，负责研究部门。而惠特曼那时又结婚了，有了 3 个孩子。惠特曼夫妇在费城一直待到 1967 年，而纽约的迷人之歌又在召唤他们回家，也就在那时，惠特曼做了“错误的选择”，加入了威廉·布莱尔公司在纽约的办公室。

这个选择是错误的。因为在当时，这家总部在芝加哥的公司，用惠特曼的话来说，“运营得非常糟糕……零售生意很差，而且没能抓住 20 世纪 60 年代后期首次公开发行的机会，当时这家公司是可以成为主承销商的”。惠特曼“坚持了”几年，但是在 1970 年他决定自己创立公司。

单 干

惠特曼称，他“真的很喜欢公司金融”，而且“到目前为止，一直忠于价值”。“价值投资是被动投资。”但是他学到的是，“有相关的领域”，其中“相同的变量在运作”：控制投资、问题投资、信用分析以及第一和第二阶段风险资本。因为惠特曼认为自己“是一位分析师，而不是经理”，所以他对于第一和第二阶段风险资本不感兴趣，但是对其他的领域有着持久的兴趣。1972 年，他开始在耶鲁大学教授这些课程。

同时，他开始被本章提到的破产案例中的受托人和债权人聘请为顾问，而且他发现在破产诉讼中，越来越需要他充当专家证人——一开始是为原告，渐渐地为被告公司。惠特曼说，由于他的背景——尤其是他在经纪公司的背景——“我知道哪些时候可以盈利，我能了解人们正在做什么”。

1975 年，他创立了 M. J. 惠特曼公司（M. J. Whitman & Co.），当时这个名字很适合惠特曼和他的秘书——玛丽莲·海恩斯沃思（Marilyn Haynsworth）。几位销售人员也加入了，但是经纪业务只占公司业务的很小一部分，主要是破产诉讼和股东诉讼这“两大培训板块”。惠特曼规定了“非常好的做法”，当他成为美国司法部反垄断部门的首席金融顾问后，美国政府也成为他的客户。在做金融顾问期间，他“为退休金和福利担保公司提供了很多解决方案”。这一段经历是非常有价值的。

然而，在 20 世纪 70 年代末期，惠特曼决定“把重心放在做一名投资者上”。毕竟，他受过相关的教育，而且受过很好的培训。他的第一个成功案例是宾夕法尼亚州中央公司（Penn Central）破产事件（详情见“起死回生”一节）中的某位抵押债券持有人找到他，当时，这是美国最大的破产事件。惠特曼对留存资产债券的投资“在重组之后做得非常好”，而且这在他的很多问题企业投资案例中是最早的一次。

用惠特曼的话来说，问题企业投资“是一个对抗性业务”，因此他把问题企业和企业并购区分开来。他称企业并购为“爱好者的业务”——他决定分散，并且希望对一家封闭型投资公司拥有控制权。[1] 1984 年，他购买了股票战略基金公司（Equity Strategy Fund Inc.）这家封闭式基金公司的股票，而且开始做资产管理业务。

这似乎是个明智之举。毕竟，惠特曼想要控制权，而且他得到了。他坚持他的标志性投资理由——安全、便宜。长期以来，他的记录都是远远跑赢市场的。但是在掌管股票战略这件事上，惠特曼说他“很蠢”——不是因为这不是一件好事情，而是他没有看到控制的真正价值。他说，“真

〔1〕 封闭型投资公司发行有限的股票，在证券交易所上市。股票的规模随其潜在投资的价值调整，股价也是如此。这一点与持续发行和赎回股票的开放型投资公司不同。对开放型公司来说，有更多的钱进入，就会发行更多的股票，规模也会增长。相反，随着股票的赎回，规模就会变小。

正的财富”不是以折扣价买进，而是“接手管理合同”。

马丁·惠特曼用他极为深沉的嗓音说“有一家管理公司比在乔治·华盛顿大桥运营收费站好多了”，带有布朗克斯[1]的语调。“全是资金，就是日常支出。没有存货，没有信用风险。”惠特曼掌管着股票策略，把它变成了开放式基金，再利用它去控制其他公司，大多数是通过破产重组的方式。破产咨询公司变成了投资银行——惠特曼、赫夫南和莱茵公司(Whitman，Heffernan，Rhein and Co.)。这是惠特曼著名的激进型投资的开始，而惠特曼式投资的口号变成了“安全、便宜、有一席之地”。

一系列巨大收获：使命保险公司(Mission Insurance Company)、卡万塔能源(Covanta Energy)、凯马特(K-Mart)和布鲁克菲尔德资产管理公司(Brookfield Asset Management)。惠特曼和他在普林斯顿的同学尤金·艾森伯格(Eugene Isenberg)一起，为一家叫作英美能源(Anglo Energy)的公司做了二次破产前重组。[2] 重组后的公司更名为纳伯斯工业公司(Nabors Industries)，股票策略的资产也最终并入了这家公司——对于股票策略的股东来说，是个巨大收益。在能源服务行业，纳伯斯成为一家非常有威望的公司，市值超过 50 亿美元。惠特曼是名誉董事，而艾森伯格的头衔是董事会主席。

惠特曼说，到那时，他决定购买他的共同基金——用他的话来说，他“发现共同基金是一张盗窃执照”——因此，1990 年，他创立了第三大道价值基金(Third Avenue Value Fund)，从“几百万”开始。截至 1997 年，第三大道管理的资本超过 10 亿美元。怎么回事呢？也许惠特曼说得太谦虚了：“我真不知道。我不知道我们怎么构建资产和得到客户的。但是我知道发展这些业务时，绩效远不如信任和好的服务来得重要。”

---

[1] 布朗克斯是纽约市最北端的一个区。

[2] 破产前重组：在填写破产申请书之前，由股东准备并投票表决的金融重组计划。公司的债权人协商该计划，当公司一旦证实破产就生效。由于债权人已经协商过，股东也同意该计划，破产保护的过程就便宜一些，时间也更短一些。

你了解得越多……

马丁·惠特曼说："共同基金行业遇到的最好的事情是参与者披露规定(Participant Disclosure Regulation)[1]"为什么？"这样大众就知道我们没有欺骗他们。"这是为什么惠特曼让"最大限度的诚信"成为第三大道价值基金的特点的原因。想一想，诚信是惠特曼忠于教育的必然结果。知道得越多，你就越富有。

第三大道以简单而单一的方法著称，公司网站上的"经过证实的价值理念"指导着公司的投资，也就是"价格低而安全的公司"。惠特曼提出了选择股票的四个标准。企业必须：

1. 提供语言通俗易懂并且有可靠审计的全面披露。
2. 有非常强劲的金融头寸。
3. 有机会以很大的折扣买入容易核实的净资产。
4. 在接下来的3～5年内，公司容易核实的净资产价值有很不错的增长前景，复利增长速度大大超过10%。

资产负债表是了解一家公司是否符合这些标准而进行的自下而上分析的重点，关注的是现有资源，而非未来预期的质量和数量。但是，目前的金融优势不是第三大道寻找交易时的唯一标准，尤其是因为"安全"比"便宜"更重要。注意：安全包含了惠特曼四个标准中的三个。他通过对价格敏感来做到安全——购买的是增长和资产，而不是全部价值；关注长期的投资风险而不是市场风险；在投资一家公司之前，先学习了解这家公司所必需的知识，一旦这家公司成为他的持股标的，则继续关注基本面。没有一个单独的指标可以显示全部的情况，全面、严谨的分析是必要的。

惠特曼说，当散户投资者"不了解企业或证券，或者只关注短期时，他

[1] 参与者披露规定也叫参与者费用披露规定。它要求众多组织(比如投资顾问公司、计划赞助者以及共同基金等)支付或被支付的费用必须向计划参与者和共同基金投资者公开。自颁布以来，这一规定不断被修改且应用范围不断扩大。

们会犯错误。但是作为散户投资者，你可以识别错误，要防止投资风险，而不是市场风险”。这意味着你投资什么，你就要去学习相关知识。惠特曼认为，只有这样的研究，才能给予投资者既安全又便宜的选择。这是他的基金“从未违反过的”原则，而他很确定有时候投资者会无意中违反这条原则，他也确定违反这一原则就是犯错。

可以肯定地说，没有多少股票是符合惠特曼的标准的，而那些符合的股票常常要花很长的时间才能显现价值。因此，耐心和长远的眼光是惠特曼拥有的良好品质。他给股东们的季度信函中反映出了这两点，和他本人一样直率。现在惠特曼仍然是董事会主席，在第三大道价值基金总部里的地位仍然很重要，即使他花在工作上的时间比之前少。他有了其他兴趣。他的妻子路易斯创建了人权观察组织(Human Rights Watch)的儿童权利分部，而且是负责人。惠特曼也投身慈善，最出名的是对他的母校雪城大学进行捐赠，以及对以色列学校里的阿拉伯学生开展赞助性行动项目。忠于教育，并且让他人享受到他所享受的教育，这样的精神永垂不朽。

起死回生

惠特曼是相信价值的，他的职业生涯都是在寻找其他人放弃的公司的价值。他的第一笔秃鹫投资[即购买问题(通产是破产)公司的“不良债券”]是出名的但是管理不善的宾夕法尼亚州中央公司。1968 年，宾夕法尼亚铁路(Pennsylvania Railroad)和纽约中央铁路(New York Central Railroad)合并，希望对在俄亥俄州、西弗吉尼亚州、东部沿海路线和纽约的运煤业务裁员。理论上来说，这不是个坏主意，但是经济衰退、管理不善以及工会领导一意孤行在不知不觉中导致了公司的破产，这一史无前例的事件成为投资者新的一课。

在法律的众多领域中，破产需要特殊的专业知识。成文法和判例法只是这一复杂交易的众多方面中的两个方面。铁路行业是一个高度管理的行业，而不可预见性也在加剧，因为普遍认为政府会随时介入。在这个特殊的案例中，政府对于这笔交易很感兴趣，因为交通运输对一个国家的经济健康和稳定是至关重要的。这增加了惠特曼受益的复杂性，作为多年的专家证人，他不仅对破产法院和法规熟门熟路，对政府参与的诉讼事务也有经验。如果有人清楚这次破产的底细，那这个人就是马丁·惠特曼。债权人——抵押债券持有人——当然也这么认为，他们发现惠特曼的简历太吸引人了，因此，他们聘请他作为自己在这起破产诉讼案里的代表。

当宾夕法尼亚州中央公司破产的时候，秃鹫投资才刚刚成为一个投资类别。从公开交易债务的层面来说，之前所有的破产案例都较小，但是像宾夕法尼亚州中央公司这么大规模的公司盈利潜力可观，是很多人见过的最大的破产，无疑吸引了很多新的投资者。他们是从哪里看出盈利潜力的，以及为什么债权人看中了惠特曼，还要细细说来。

一家公司的债权人要比股票持有人更不愿意承担风险。他们倾向于通过稳定的利息支付的方式获得他们的收益，而不是希望投资的价格升高。虽然债券确实会波动，但波动的范围要小于股票；债券到期日的最高价是不会超过票面价值的，而理论上来说，股票交易的价格是无限的。但是不管是涨还是跌，就股票的情况而言，破产的风险总是零。然而，债权人可以对一家公司的资产索赔，而且常常能得到部分赔偿。在破产诉讼期间，债券的价值会降低，因为利息或息票不再被支付，而且最终的复苏是不确定的。在这种情况下，传统的固定收益投资者(这也是一开始投资时，一种比较保守的方式)会寻找出路，因为这往往超出了他们持有问题投资工具的范围。他们通常缺乏专业知识或授权去做分析，无法证明这些不良债券比破产协议中大甩卖条款规定的价值要高得多。因此，唯一切实的选择就是出售，这也是马丁·惠特曼对宾夕法尼亚州中央公司的处理办法。[1]

由律师指导进行破产诉讼的公司，必须提交计划，要么公司倒闭，要么重组并作为能够继续存在的企业退出诉讼。现在的情况是，一旦计划提交，问题投资者通常就会购买全部债券，组建自己的律师和分析师团

[1] 垃圾债券投资越来越受欢迎，也发展成了一个资产类别。在整个固定收益行业，很少有基金真正既做投资等级又做非投资等级，或者垃圾债券。

队，评估企业的资产残值。由于秃鹫投资在宾夕法尼亚州中央公司的案例中还是个相对较新的情况，尽职调查的过程不是太复杂。惠特曼相信，这正合他胃口，它提供的优势是效率不太高的市场以及更大盈利的机会。他代表那些聘请他的债权人，开始收拾残局，而且情况令他很满意。

当其他人都吓得纷纷出售他们的债券时，他们的脑海中有两个放大的字："完了"，而惠特曼仔细阅读了重组计划。在公司提供的文件中，列出了一串房地产和业务，作为债券的抵押品，不受铁路问题的影响，惠特曼看到了其中巨大的价值。没有人真的希望政府参与他们的业务，但是政府于 1973 年还是介入了——国会投票通过了对破产铁路的国有化——这对惠特曼和其他秃鹫投资者来说是最好的事情。政府的接管留下了所有的非交通运输资产，包括母公司的房地产。这些房地产也是吸引惠特曼接手宾夕法尼亚铁路的原因，因为这些房地产是他即将拥有的抵押债券的抵押品。惠特曼购买了价值 10 万美元的看似毫无价值的证券，在当时的情况下，确实是很大一笔投资。法院用了一年时间批准了重组计划，但是惠特曼收获了相当于他的投资 5 倍的收益，等待很值得。

经验总结

马丁·惠特曼没有发明秃鹫投资，这个名词最近才出现，而且得到广泛的社会认同，它曾叫问题投资。他也没有发明价值投资，但和价值投资的原则是一样的，且对更多种类的债券有着实际应用价值。但是惠特曼开创了问题投资策略，而且贡献了实现价值投资方式的新观点。从本质上来说，惠特曼定义的、优化的以及在耶鲁大学的课堂上和他的三本书[1]中教授的就是价值投资的过程——不管投资的关键征兆有多明显。这不是件容易的事。价值投资常常被简单地概括为找到一只便宜或打折的股票，而在惠特曼看来，而且他的职业生涯证明，价值投资是很严肃的事。对惠特曼来说，毫不令人惊讶的是：需要严谨的研究，而且可能有雷区。

一些投资的价格不匹配,最终会成为"价值陷阱"。价值陷阱最好的定义是:看上去便宜,实则不便宜的证券;换句话说,价格反映的是目前的基本面,而不是一个公司价值在打折扣。比如,在互联网泡沫时期,许多互联网股票的股价暴跌,为对价格敏感的投资者抢购股票提供了机会。雅虎就是个很好的例子。2000年3月的时候,雅虎经除权调整后的股价达到每股125美元的峰值。下一年的同一时间,股价下跌至最低,每股不到5美元。我很确定投资者一路都在观察雅虎的股价,而且会说类似于"哇!雅虎现在的交易价格是100美元,比最高的时候便宜了很多。好便宜!"这样的话。快进一下,但是也别快进太多,那样你就听不到另一位买家惊呼:"哇!我可以以每股60美元的价格买进雅虎的股票,比6个月前便宜了一半。这才叫便宜呢!"事实就是这样的。但是这里有个问题:不管股价如何,雅虎的股票真那么便宜吗?我会说,直到它跌至谷底才算便宜。随着股价的下跌,基本面恶化,而估值标准,也就是市场总体市盈率(以及其他定量标准),不能支持价格。美国在线(AOL)成了更强势的竞争对手——至少是暂时的;Ask.com崛起了;最终谷歌把雅虎的竞争地位和商业模式打得粉碎。接下来的解释是想说明:一家公司的股票交易价格达到100美元,其预期收益是每股10美元,相当于10倍的市盈率。一个月后,管理层把预期收益修改成每股5美元,因为这个消息,股价跌至75美元,25%的跌幅。尽管股价跌得厉害,但股票实际上变得更贵了,因为现在市盈率是15倍。

如果有人购买股票完全是依据这样的推测:与股票的峰值相比,现在的股价很便宜,那么投资者可能就掉进了老套的价值陷阱,而证券其实并不是看上去的那么便宜。马丁·惠特曼就不会掉进这样的陷阱。需要了解形成价值定位的其他因素,有些东西看上去便宜,实则很贵。拿雅虎来说,显然其他因素才是公司的核心竞争力,即它的商业模式、营业额和盈利的预期增长。马丁·惠特曼的准则是:价格、安全一手抓。

那么你该如何评估价值，而且避免陷入没有价值的情况呢，或者避免陷入一个公司破产了，因此没有任何复苏的可能的情况呢？第一步，但仅仅是第一步，是要看一看基于股票现在交易地点的估值，而不是曾经在哪里交易。使用行业的多个估值标准，不是对市场套利，而是调查这家公司。

这就是价值投资者和马丁·惠特曼做的事。他们忽视股票市场、利率和 GDP 预测。相反，价值投资者只关注一家公司的业务前景、资本部署和资本回报、行业定位、资产负债表以及管理——这下你明白了。价值投资者是最先应对不利情况的人，他们比其他人更愿意在一家公司吸引其他人之前深挖并且评估内在价值。有艺术商能够从充满低劣垃圾商品的跳蚤市场找到真的早期民间绘画，有技工能看出一台受损机器的潜力，还有投资者能从走错路或者遭受失误的公司中发现价值。因为那些投资者很早就有这样的判断，在公司解决自己的问题的时候，他们必须有耐心。当公司有所好转，其他投资者也被吸引，这时回报开始了。

那么普通投资者如何参与问题投资这一资本市场中深奥的领域呢？并非易事。理想情况下，成功开展问题投资最基本的要求是对于公司的基本结构有很强的分析能力；有法律背景或类似的资源也是有帮助的。如果你要分类列出每个证券求偿等级相关的种种文件，以及在破产复苏或公司重组的过程中，投资者可能被赋予的权限，你会需要它们。债券比股票的求偿等级更高，在债务结构中求偿等级不同，包括抵押物为房地产的债券，比如宾夕法尼亚州中央公司破产时的抵押债券。显然，让投资者拥有所有的技能和知识去充分地分析危险债务的情况，可能对大多数个人投资者来说，在能力和资源上都是达不到的。但是还有其他的选择，即通过共同基金或者对冲基金参与问题投资。当然，对任何投资来说，都要考察基金的表现，确保风险参数契合你的目标和方法。更多关于马丁·惠特曼如何选股，见表 10.1。

表 10.1 惠特曼选股的标准

• 语言通俗易懂，并且有可靠审计过的全面披露
• 强大的金融头寸
• 我们必须以很大的折扣买入容易核实的净资产
• 公司必须在接下来的 3～5 年内有很大的增长，有容易核实的净资产价值增长前景，复利增长速度大大超过 10%

〔1〕马丁·J. 惠特曼和马丁·舒比克：《激进型保守投资者》(*The Aggressive Conservative Investor*)（霍博肯，新泽西：约翰·威立国际出版公司，2005 年）；马丁·J. 惠特曼和费尔南多·迪亚兹：《问题投资：原则和技术》(*Distress Investment: Principles and Technique*)（霍博肯，新泽西：约翰·威立国际出版公司，2009 年）；马丁·J. 惠特曼：《价值投资：价值方法》(*Value Investing: A Value Approach*)（纽约：约翰·威立国际出版公司，2000 年）。

公司资本结构：债券和股票

为什么有人投资公司债券，有人投资公司股票？首先我们来定义两者。

公司债券包括两大类：投资等级债券和非投资等级债券。非投资等级债券又叫高收益债券或垃圾债券，外行很看不起垃圾债券，而债券交易者并非如此。标准普尔评级低于 BBB 的、穆迪评级低于 Baa 的债券都被认为是非投资等级债券。发行这些债券的公司支付投资者更高的利息——因此得名"高收益"——这是一种吸引方式，是对债券购买者要承担更高违约风险的补偿。和投资等级债券一样，不是所有的高收益债券都采用一样的评级，有些要比其他的风险更高。对股票来说，没有类似的评级。

一般的股票投资者，尤其是动量投资者或成长型股票投资者，比起债券投资者[1]，往往不太关心一家公司的资产负债表，虽然他们关心的东西应该是差不多的。最终，所有债券投资者真正关心的是债务的利息是否会被支付。但是债券持有者也想知道，如果没有足够的现金流来支付债务利息，公司的资产价值是否会超过他们购买债券时的价格。

高收益债券有所不同，比起投资等级债券需要进行更多的资产负债表分析和现金流分析。这是因为，从定义上来说，它们的财务情况和企业前景更脆弱。这些公司更有可能破产。价值投资者利用资产负债表和现金流进行分析时，或多或少和高收益债券投资者差不多，因为他们投资的是问题公司。垃圾债券的资产负债表是受损的；价值股的资产负债表可能要更好，但是它们的商业模式可能受到了打击。在这种情况下，股票投资者往往想要确保这家公司能持续经营；也就是说，如果这家公司被出售，或者其资产单独出售，各项单独资产价值的总和要比现在的股价高。另外，债券投资者不关心股价；他们只关心公司被卖出的价格能够让他们拿回购买债券的钱，可能是也可能不是票面价值。

在宾夕法尼亚州中央公司的例子中，像马丁·惠特曼这样的债券持有人得到的是票面价值，而股东一分都拿不到。一旦按票面价值偿付，就没有剩余资产了。

〔1〕债券投资者是一家公司的债务认购者。债券持有人是债权人，因为他们借钱给公司。当然，债券持有人在公司清算的情况下，是绝对支持公司复苏的，因为在普通股股东获得任何东西之前，所有的债务必须先被偿还。股票投资者更关心一家公司的债务结构，债券持有人却并非如此，尤其是成长型股票投资者，因为高增长公司往往没有很大数额的未偿还债务。

结论：所以你清楚了

传奇投资人、杰出的商人——他们有什么共同点，你能从他们身上学到什么？第一个要弄清楚的是，他们每个人都是企业家。梅利姆—韦伯斯特（Merriam-Webster）对于企业家的定义是："组织、管理并承担一家公司的风险的人。"[1]我知道你会想什么——创立了 XYZ 软件公司的人就是企业家。购买一些股票和债券的人和拥有一家公司的人不能相提并论，本质上是不一样的。我认为这种狭隘观点的形成是由于许多投资者接触市场的方式有问题。考虑一下这两者：企业家和投资者有一个共同的目标：限制一笔投资的损失的同时，获得巨大收益。对企业家来说，这是他们公司更大的价值；对投资者来说，也是一样的目标，企业家的公司就是他们的投资组合。同样的决策过程应该受到控制：为了获得不错的回报，有多少资产是可以用来承担风险的？考虑到潜在的损失，一笔投资还是有意义的吗？

有很多种不同的企业家，而在你的大学宿舍里创建一个新的网站也是创立一家公司的方式。没有人可以否认对冲基金经理和私人财富经理也具有企业家精神。事实上，个人投资者也有，他们的客户就是自己。关键在于投资经理和软件天才创立的公司都是通过金融工具来产生收益的。投资股票就是做生意，每次你投资股票，都应该研究某家公司的基本

[1] www.merriam-webster.com/dictionary/entrepreneur.

面，就像风险资本或私募股权投资者估计投资机会时一样。

在创立公司之前，企业家会考察其竞争对手，评估区别其商业模式的机会。下一个决定是：投资的潜在回报是否承担得起投资风险，权衡两种结果。股票投资者也应该做同样的事。可口可乐的股票头寸比百事可乐更好吗？基于股价和评估标准，潜在的缺点和优势是什么？这些是公司决策，严格的公司决策。这也是为什么查克·罗伊斯说，他买的是公司，而不是股票。之前的每一章的共通之处包含下面 5 个原则，是每个投资者都应该遵循的：

1. 限定好的、说清楚的投资策略。

2. 反省——经验和投资风格偏好的结合。

3. 永远不偏离投资策略。

4. 严格的风险意识。

5. 不意气用事；清晰、理性的分析。

所以你清楚了：成为一名成功的投资者不意味着模仿知名投资人或传奇投资人的交易，因为在生活中，方法对了，结果并不尽如人意。相反，要关注知名投资人成名所依靠的策略和过程，并使之成为你的优势的一部分。设计一个可重复的、可靠的过程，可以提高你成功的可能性。这就是经验总结。

授人以鱼，不如授人以渔。